Beautiful Life

Beautiful Life

鎮靜力

肢體語言訓練師親授，
透過行為自我暗示，
培養「冷靜」與「自信」兩大成功特質，
走到哪都能自帶光芒

心理教練．肢體語言訓練師
派翠西亞．史塔克
（Patricia Stark）／著
連婉婷／譯

CALMFIDENCE

How to Trust Yourself, Tame Your Inner Critic, and Shine in Any Spotlight

前言 神奇且強大的組合

在過去十八年以來，我與兩千多位客戶和學生一起合作，幫助他們在公開演講場合、舞臺表演和鏡頭前找到自己的舒適區，我了解到每個人（沒錯，正是每一個人）都不知如何「讓自己綻放光彩」，每個人都會經歷焦慮和壓力，每個人都有所懷疑和恐懼，無論你具備什麼樣的身分、年齡或成就。

我訓練過名人、執行長、超級名模、體育明星、醫生、心理學家、新聞主播、電視臺主持人、作家和富有的企業家——你可能認為這些成功人士總是有條不紊，而且對自己所做的每件事都信心十足；然而，對於大多數人來說，我發現這趟旅程仍然不容易，許多人每當面對自我懷疑和恐懼，都會在我的訓練室裡潸然淚下。

當我第一次指導身材魁梧的知名運動員如何在鏡頭前展現自己時，他們在一對一課程中落下了淚，他們給自己施加很多壓力，想在鏡頭前表現得像在場上一樣好，而且他們時常忘記「熟能生巧」的道理；坐在我身旁的美女模特兒，她們的臉孔為時尚雜誌增色不少，多年來針對她們外表的評論，使她們充滿不安全感和自我懷疑；一位成功的律師終其一生承受母親嚴厲的批評，導致她一直陷於自己永遠不夠好的痛苦之中，即便她正在接受一家全國性媒體的專訪；還有一名電視節目的廚師，因為父親本來希望她當醫生而奮力想從父親的失望中獲得解脫，當她在熱門烹飪節目中分享自己的食譜時，就會想到父親正透過鏡頭對她指指點點。

我開始察覺到，與我一起合作的每個人都有兩個共通點：他們想學會如何在高壓或未知的情況下找回冷靜，而且他們希望能夠自信地進行內外溝通（他們跟自我與週遭世界的對話）。

霎時間，我靈光乍現，想到了「鎮靜力」（Calmfidence）的概念，我相信**平靜和自信的二重奏是每個人（不僅僅是主持人和表演者）在日常生活中想要且需要的東西，自信心很重要，但是冷靜和自信是一種神奇且強大的組合。**鎮靜力可以塑造你的生活，當你冷靜時，會做出更好的選擇，準確地思考，你是自己的主宰，你相信自己，別人也信任你的判斷；鎮靜力是促成獨立和自知的一股定靜泉源，當外在世界一團亂時，它會讓你屹立不搖。

缺乏鎮靜力的人在人際交往能力、溝通能力和領導能力方面往往會遇到困難，當你侷促不安或壓力過大時，就很難與他人連結。當我們自我意識過剩，高度關注自我，就無法關注他人的需求，當我們情緒激動或急於求成，被壓力壓垮時，我們便無法掌控自己，也無法領導他人。當你擁有鎮靜力時，你會對自己更好，另一方面，你也會更加善待他人。

鎮靜力具有傳染力，人們可以感受到它，它決定了整個氛圍，人們想要和散發這種感覺的人在一起。大多數情況下都會需要鎮靜力，況且，鎮靜力不正是我們大家想要、也需要從我們依賴的人身上所看見的東西嗎？比如我們的醫生、飛機駕駛員、老師、教練、保母，甚至是狗保母？

我曾親身體驗與焦慮、懷疑和恐懼纏鬥是什麼樣的感覺，年輕時的我還沒具備鎮靜力，我永遠無法忘懷那種全身僵硬的程度。從小到大，甚至上大學時，每當上課被點到，我的心臟就會劇烈跳動，汗水從身體兩側傾瀉而下，即使我知道答案，想要舉手，我也會焦急地出汗，完全不敢出聲；如果沒有朋友陪同，我無法走過所有學生的桌子去排隊拿午餐；我的個性內向、緊張、惶恐，不知道怎麼參與社交活動，我的學業、工作和人際關係全都受到影響。回顧我自己的鎮靜力之旅，我可以告訴你，這正是它的本質：一段旅程，真正的變化是逐漸發生的，每次改變一點點，藉由一系列的微小進展和經驗，才能奠定冷靜自信的穩固基礎，這個概念也是我目前人生的核心思想。

透過指導和訓練數千名客戶和學生，我發現每個人都有能力克服他們的障礙，並且成功建立鎮靜力的個人基礎。你當然也可以辦到。

由內而外的鎮靜力

成為一個自信的溝通者，可以幫助你跟他人和週遭的世界建立連結。一個優秀的溝通者通常也會是優秀的聆聽者，你會變得對別人更感興趣、更好奇，不會以自我為中心，而是偏向以他人為中心，這樣反而不會讓你感到不自在，也不會那麼擔心自己的外表和聲音。

如果你追求的是需要面對鏡頭的事業，那就得學會別苛刻自己，這項建議對大多數的職業來說也很受用。去試鏡時，你經常會被拒絕，如果在其他行業，你也會受到各種形式的拒絕，但是你必須堅持不懈。

我很習慣聽到「不」這個字，但我不會因此卻步，我的人生印證了一句古老的日本諺語：「跌倒七次，就要爬起來八次」。我甚至熱衷於閱讀個人成長書籍，還有我所欽佩之人的傳記，終於明白我和這世上其他人一樣，有權追求我想要的東西。我開始在乎自己怎麼闡述自己的故事，因為我了解到，**你最該好好聽進去的，就是你對自己說的話**。鎮靜力不是來自於「發生在你身上的事」，而是來自於「你身上發生的事」。因此，我自創出一套信心建立法（同時分享給我的客戶和學生），一旦變得更冷靜和自信，我的整個世界就改變了，人們回應我的方式發生了變化，我回應自己的方式也轉變了，工作、人際關係和生活變得更加積極和滿足。我記得當我遠離我的舒適區，以一種從未體驗過的方式讓自己置身某個陌生之境時，我第一次感到安祥且充滿力量。當時我受邀到位於紐澤西州（New Jersey）的美國公共廣播電視臺（ＰＢＳ）擔任節目嘉賓，這是我第一次接受電視採訪，情況顛倒過來，我成為受訪的來賓，而不是主導談話的主持人或主播，主題是「公開演講的恐懼，以及如何克服」；當製作人告訴我，我將以「溝通專家」的身分被介紹出場時，我的冒牌者症候群（impostor syndrome）[1]完全爆發了！這個描述聽起來很自以為是，我的腦海裡突然閃過一個念頭：萬一所謂的溝通專家在採訪時溝通有誤怎麼辦？大家是不是都很期待我成為完美溝通技巧的亮眼榜樣？正當懷疑和恐懼快占上風的時候，一股冷靜且自信的強烈感覺突然湧上我的心頭——是鎮靜力！它出現了！我感到很平靜，因為我意識到，自己出現在那裡是為了提供幫助，給予觀眾一些克服自身恐懼的小訣竅，這無關乎我是否完美，甚至根本與我這個人無關；我充滿自信，因為長期以來我一直在幫助人們增進溝通技巧，而且我知道這對他們的生活產生了影響。這個新觀點令我感到非常興奮，也讓採訪進行得非常順利（而且後續還帶來了更多機會）。

多年來，我已看到許多客戶都發生了這種轉變，親眼見證它所帶來的解放實在太棒了，觀察我的客戶和學生憑藉自己的鎮靜力展翅高飛，是我這份工作中最令人滿意的部分。聽起來可能很傻，但這份工作對我來說變得更神聖，能夠幫人們找到自己的聲音，在這個世界上發光發熱，我與有榮焉。我希望各位可以使用本書中所羅列，實證有效的技術、自然療法、放鬆練習、溝通技巧和心態轉變，來創造自己獨有的內在鎮靜力。無論是需要克服對公開演講的恐懼、在工作面試中取得好成績、說服同事相信計畫或專案的重要性、透過電視或影片宣傳你的業務、在鏡頭前創業、在TED演講、讓聲音在電話中更加自信，或者只是在生活的各個層面變得更加冷靜和自信……鎮靜力將有助於讓你相信，自己能夠應付任何狀況。

如何在日常生活中運用本書，以及當你處於聚光燈下時要如何建立鎮靜力

本書是為你自己建立鎮靜力的工具箱，裡頭放滿了訣竅、建議方法和客戶的金玉良言，你可以應用於生活中的許多情況和階段，這是我和客戶在過去二十年中獲得且使用過的智慧、策略、靈感。

並不需要按部就班地閱讀本書，我鼓勵大家隨意翻閱，尋找想要應用到你目前生活或工作中的鎮靜方式。你可能會發現早已知曉的有用訣竅，或是得到某些驚喜，你甚至

可以時不時打開這本書，隨機翻到某個頁面，就像尋找一個關於每日鎮靜力的幸運餅乾。

如果你真的選擇從頭到尾閱讀本書，你會發現這是一個良好的進步過程，首先，你可以從整體上創造鎮靜力的穩固基礎，然後透過多種方法在壓力和挑戰更大時增強你的冷靜和自信，接著持續強化你的溝通技巧和人際交往能力，最後可以打包很多實質的技巧，甚至還可以嘗試一些好玩的東西。

本書主要包含四個部分：

第一部分：「日常的鎮靜力」，專門介紹提高鎮靜力的心態策略，我會向你說明如何處置或消除鎮靜力的阻礙，提供自我關懷的建議，給予你維持鎮靜力的工具，讓你可以每天都感到冷靜且自信。

第二個部分：「堅韌的鎮靜力」，聚焦在當你發現自己處於惶惶不安的情況時，提供你處理挫折的關鍵和策略，找到你的勇氣和毅力，並且運用鎮靜力追求你的目標和夢想。

第三部分：「溝通的鎮靜力」，主要介紹在內外溝通技巧和人際交往能力方面建立自我信任的多種方法，我歸納了更積極有力的自我對話策略，改善你說話的聲音、自信的眼神接觸技巧，以及增強臉部表情和肢體語言等非語言溝通技巧，讓你能夠成功應對大型演講或採訪。

最後，**第四部分著重於「自然的鎮靜力」**，包含在自然界中發現的眾多訣竅和療法，可以緩解壓力和焦慮、促進平靜、幫助睡眠，以及可以快速建立鎮靜力的心理和身體鍛鍊。

當你能夠控制自己的冷靜和自信時，你便掌握了自己的命運。當你在人生的每一個領域、在每一個可以預料和意想不到的情況下建立鎮靜力時，你將：

- 發掘更多你以前沒有注意到的機會。
- 擁有一種正向的能量，即使你尚未開口，其他人也會給予回應。
- 發展出一個安靜、沉穩、堅強的基礎，支持你的選擇和決定。
- 設定目標時有更多的方向。
- 信任你自己。
- 慶祝人生，而不是心存恐懼。
- 創造你的人生，而不是等待別人為你決定。

無論是在眾人面前說話的自信，還是讓內在的自我批判安靜下來，這一切都歸結於能夠在當下、在任何狀況下、在討論中或眼前的挑戰中進入一個冷靜的狀態。鎮靜力不是我們與生俱來的能力，它必須透過學習，更重要的是，它是經由努力所掙得的。本書包含豐富的資訊，但我鼓勵你使用目前最需要的部分，有些方法可能直到另一個時間點或機會才會適用於你，請記住，創造鎮靜力是一個過程。鎮靜力對不同的人意味著不同的東西，這是你自己對於什麼讓你安心的定義，以及一種信賴自己的感覺，當你掌握它時，你會發自內心感受到；當你相信事情會安然度過，即使出於某種原因沒那麼順利，你也會想辦法解決，讓自己過得更好。鎮靜力是一種肌肉，你可以培養和加強它，不僅是為了自己，還可以鼓舞你周圍社群中的人們，所以讓我們進入正題吧！

注釋

1 冒牌者症候群（impostor syndrome）又稱冒名頂替現象（Imposter phenomenon）或騙子症候群（Fraud syndrome），專門描述成功者將自己的成就歸因於他人的幫助或良好的時機，所以認為自己是一個騙子，害怕人們拆穿成功背後的真相，因此努力避免被識破的危機，導致他們產生心理疾病與相關症狀（例如憂鬱症、焦慮及恐慌等）。最早於一九七八年由兩位臨床心理學家提出，但是冒名頂替症候群並沒有被定義為精神疾病。

CONTENTS | 目錄

第 1 部

日常的鎮靜力

第 1 章　鎮靜力的強心針

「你的故事每天早上都會翻開新的一頁，讓今天成為最耀眼的篇章吧！」

——朵伊．山塔瑪塔（Doe Zantamata）

無論你的生活中發生什麼事，或是週遭的世界出現了什麼，每天都感到平靜和自信不是很好嗎？我想大家都知道，這種狀態對我們大多數人來說是不切實際的，除非你是一個住在僻靜營的瑜珈人士、達賴喇嘛（Dalai Lama），又或是狄帕克．喬布拉（Deepak Chopra）[1]，我們其他人必須刻意發明一些讓自己每天都保持冷靜和自信的方法，就像刷牙、洗澡一樣，如果想要每天早晨都有個清新的開始，我們都應該以這些事為目標。然而這並不容易，特別是如果你正在經歷人生中充滿壓力的時期，或是非常焦慮即將發生的事件，就會變得特別困難。

我認為先定義**平靜**這個詞的意思很重要，本書指的不是一種溫和、低活力、不帶感情的平靜，也不代表你對這個世界沒有任何擔憂，而是一種**充滿活力的平靜**，可以幫助你感到更加平衡和自信。值得高興的是，我們可以在日常生活中透過很多事來營造這種平靜和自信，從檢視你的底線開始——那就是你每天早上的鎮靜力狀態。

鎮靜力狀態

你通常處在什麼樣的心理狀態？根據我們生活中發生的事情，以及我們對該件事物的感受，我們每天都會有不同的開始；我們的鎮靜力狀態會影響我們面對家人、工作、朋友的態度，以及最重要的——我們自己的表現。

大多數時候，我們起床並完成所有的例行事務，我們讓日常生活控制了我們，而非由我們自己掌控生活——或者更糟糕的是，我們帶著一種恐懼、預期的壓力、甚至是普遍的焦慮感，來展開新的一天。

請回想上次你超級冷靜和自信的時候，當時的感受如何？你的身體感覺如何？你是否滿懷自信？你的態度是否明確堅定？你是否掌握一切，並且確知自己必須做什麼，以及為何要這樣做？你是否願意做些事來讓自己每天都回到那種充滿力量的境界，尤其是當事情進展不順利的時候？每天早上調整鎮靜力狀態，可以幫助你進入**自我覺察**，而且會影響你將擁有什麼樣的一天。這種**自我檢視**是落實鎮靜力強心針的第一步，有助於讓你記得如何取回自己的平衡，並且感覺接下來一整天都在自己的掌握之中，每天早上，請問問自己：

- 我覺得自己的身心是平衡的，還是無所適從？
- 我感到充滿勇氣，還是像洩了氣的皮球？
- 我的能量是正面還是負面的？
- 我覺得擁有掌控權，還是感到失控？
- 我喜歡這種感受嗎？如果不喜歡，我可以採取什麼行動來改變這種感覺？

堆積如山的證據

關於我們如何促進和增強自己的冷靜與信心，有許多研究可以供佐證，大學、醫學期刊和健康報告充滿了科學證據，表明我們的想法、選擇和行為如何積極或消極地影響我們的身、心、靈。**我們擁有掌控大局的能力，無論到達什麼樣的年紀或人生階段，我們都可以成長、改變和蛻變。**但是如果我們不主動選擇提升自己，世上的這些實證都毫無意義！我們無法完全控制發生在我們身上的事情，但我們永遠可以選擇如何對那些事情做出回應，鎮靜力強心針將幫助你建立內在力量、智慧和自信的基礎。

◉強心針 1：檢視你的焦點

我們所關注的事物會擴展開來，我們所聚焦的事物會成為我們的現實。在過去幾年內，我們面臨著許多挑戰：流行病、社會動盪、經濟衰退、工作不安全感以及醫療匱乏，消費者的信心、對我們國家和政府的信心以及對自己的信心每天都遭受考驗。

從本質上來講，我們的生活、工作和目標都歸結於自己選擇聚焦的內容，我們可以選擇要專注正面還是負面的事物，雖然我們的確有權知悉各種消息，也應該關心世界，但是，假如我們讓自己被負面消息淹沒、擊倒，甚至崩潰，我們就不能專注於培養和壯大我們自己的生活和資源。整個世界在我們周圍不停運轉，然而實際上，每天在創造自己小小個人宇宙的，卻是我們自己。

知名的美國哲學家拉爾夫．沃爾多．愛默生（Ralph Waldo Emerson）[2]在他的演講和論文中說：「一個人是由他整天所想的事構成。」我發現此話千真萬確，當然，我們不能、也不應該減少關注嚴重或麻煩情況的需求，但倘若這是我們唯一的焦點，就會令我們筋疲力竭。

請每天試著把注意力集中在正確的事情上，檢視自己的焦點所在，聚焦於各種問題的解決方案，而不僅僅執著於問題本身；專注於美好的事物，專注於把事情做好，也要當心那些試圖吸引你注意的事情。

我們不斷被他人、媒體、社交網絡、廣告和各種吸睛的事物所轟炸，有很多事情在爭奪我們的注意力，但絕大部分對我們都沒幫助，所以要做出明智的選擇，隨時注意你將寶貴的專注力交給了哪些人和事。

我們經常過於關注他人的生活而浪費自身的時間；我們不再投資自己，也不再欣賞自己的生活，反倒耗費數小時觀察他人在社群媒體、電視和雜誌上的生活方式。請將你的專注力視為珍寶，用心保護，因為它確實是無價之寶。把焦點轉移到美好的事物上，尋找好消息，專注於能夠鼓舞你的事情，比如振奮人心的故事、正向的人們、勵志的書籍、網站、電影、嗜好和音樂，聚焦於尋找自己和週遭一切的正向元素，請記住，**你所關注的事物會擴展開來，成為你的生活現實。**

檢視自身焦點，可以強化鎮靜力，原因是：

- 不至於讓你不知所措。
- 讓你在好與壞之間取得更好的平衡。
- 創造正向的前景，有助於將壓力和擔憂降到最低。

檢視自身焦點，可以強化信心，原因是：

- 幫助你掌握注意力的方向。

- 幫助你將時間花在可以鼓舞你且增加幸福感的事情上。
- 幫助你尋找自己和他人的優點。

◉強心針 2：感恩之心

人類的大腦不能同時關注正面和負面的想法，所以你無法同時感激和焦慮，這意味著你其實可以透過專注於感激的情緒來中止焦慮感！根據《今日心理學》（*Psychology Today*）在二〇二〇年的一篇文章指出，**感恩可以將壓力減至最小，改善心理健康，並且增加正向思考**。感恩會刺激大腦中的下視丘，它的作用是調節焦慮。

一旦大腦開始尋找值得感激的事，你就會開始注意到更多值得感恩的事物，也會在現實中吸引更多正面的事物進入你的生活；所以你可以從每天早上開始，選擇一些你可以感恩的事，好比單純地感激自己擁有全新的一天能重新開始、可以看見日出，或是聞到一杯溫暖的咖啡；還要以感恩的心情結束每一天（即使當天並不怎麼順遂）。至少想出一件你可以感激的事情，練習睡前感恩儀式甚至可以幫助你睡得更好。

當你對自己已經擁有的東西心存感激時，無論它有多麼微小，都會為你在人生中更遠大的願望敞開大門。最重要的是**感謝我們現在所處的位置，感謝我們現在所獲得的事物：包含好的、壞的和醜陋的**，因為事實就是這樣——你的人生就是從這裡、從此時此刻展開。感恩可以讓人們感受到真正的快樂。

抱持感恩之心可以提升冷靜力，原因是：

- 它能讓你把壓力降到最低。
- 它能讓你增進快樂的感覺。

抱持感恩之心可以提高你的信心，原因是：

- 幫助你欣賞自己以及現在擁有的東西。
- 增加自尊和自足的正面感覺。
- 增加重視感和自我價值。

◉強心針3：保持快樂

你每天有多開心呢？研究表明，快樂的情緒會促進健康、信心、活力和長壽，快樂藉由希望、期望和熱情擴展了你對可能發生的事情的遠見，負面情緒反而會縮小你的視野。

人們通常錯估了能夠讓他們感到快樂的事物，「一旦我＿＿＿＿，我就會很開心。」空格由你自己填寫，我們經常這麼做，我們一直限制自己的幸福，幻想在未來某個模糊的時間點，一切都會水到渠成，我們終將得嘗宿願，想要的條件都完美地吻合，然而我們卻似乎永遠等不到那一天，因為我們總是會想要一些新東西、追求新的目標，又或是在追求幸福的途中冒出一些新的障礙，阻擋我們的去路。

沒錯，當你獲得物質、經驗、目標和成就時，你會感到非常快樂，但這種快樂大多稍縱即逝，很快就被打回原形，你唯一可以選擇快樂的時機就是**此時此地**，亞伯拉罕·林肯（Abraham Lincoln）[3]說：「只要有心，我們就能決定自己的快樂程度。」當你現在有意識地決定選擇喜悅時，很多事情都會改變，你也會改變。

也不必每天都過得快樂似神仙，只要快樂得剛剛好就可以了吧？這可不是個恆定不變的狀態。試著在各個地方都融入快樂的時刻，運用一些微小事物讓自己展露微笑，或是讓人生中的其他人會心一笑。

心理科學協會（the Association for Psychological Science）二〇一二年的一項研究表示，「微笑」可以確實改變你的心情，觸發心理與身體之間的連結，即使你不喜歡，面露微笑也能改變你的心理狀態，你能做任何事情來影響或控制你的心理狀態，使你掌控整個局面；微笑也是一種共通的語言，它會影響你週遭的他人，甚至不用開口說話。

選擇快樂可以提高冷靜力，原因是：

- 增加你生活中的愉悅感。

- 讓負面情緒降到最低。選擇快樂可以提高你的信心，因為：
- 了解你可以決定自己對快樂的定義——而不是透過別人或其他東西。
- 了解你是唯一能讓自己打從心底快樂起來的人，便能擺脫過於依賴其他事物來尋找快樂的困擾。
- 充分利用每時每刻，不要延遲任何快樂的感受。

◉強心針 4：成長心態

大多數的壓力和焦慮來自於停滯不前的感覺，這通常歸因於心態**固化**，心態固化是一種相信事情不能或不會改變，或是相信自己不能或不會改變的信念，通常是經年累月發展而來，取決於我們被養育的方式、其他人如何定義我們，或是同儕的看法，也可能來自於我們的傷痕，或是某種我們無法改變的糟糕經歷。

心態固化時，你傾向於相信自己一出生就有既定的天賦、能力、甚至是智力，而且無法改變，心態固化會導致絕望和沮喪的感覺。當我們轉變為成長心態時，就會開始允許自己改變、學習、成長和進化，希望和期望是我們可以用來避免沮喪和感到失敗的兩件最重要的事；當我們具備成長心態時，我們才會覺得能夠繼續前進；比起相信我們的特質和能力是固定不變的，成長心態可以幫助我們預期自己在一生中可以繼續學習和成長。

即使我們經歷了不公平、悲劇或巨大的失望，**當我們將觀點轉變為成長心態時，大腦就會開始尋找可行辦法，將這些負面經歷轉化為可以幫助我們或他人的正面事物。**

舉例來說，當客戶對我說：「我不是個有自信的人」或「我做不到」時，我會立刻開始讓他們把敘述方式改成「我正在努力增加我的信心」或「如果我認真努力並學習新技能，就可以做到」。當一個人堅持說「我就是這個樣子」或「我已經年紀大到無法改變」時，他們就真的會坐地自困，然而，當其他人真心相信可以在人生中的任何時刻重塑自己時，這種心態就會開始發揮作用，使之成為現實。請開始將自己視為終身學習者，盡可能保持開放的心態，開始了解，如果你相信這是可能的，你就可以自我改變，進而扭轉情況。請每天與自己對話：

- 今日我可以學習什麼？
- 我該如何改進？
- 我現在有什麼樣的力量可以促成改變？
- 我對自己的信念是正確的嗎？或者我只是接受了別人或社會告訴我的東西？
- 以前的挑戰如何讓我變得更強大？

- 我該如何運用自己的經驗來幫助他人？

選擇擁有成長心態可以讓你更冷靜，原因是：

- 讓你感覺到自己並沒有被困住。
- 提高對自己的耐性和同情心。

選擇擁有成長心態，可以提高你的信心，原因是：

- 有助於讓你知道，自己可以不斷調整、不斷改進。
- 了解認真努力和堅持是培養能力的重要因素。
- 明白成長需要經過挑戰和奮鬥的鍛鍊。
- 給予你決心和毅力。

◉強心針5：時間區隔化

沒有人可以同時活在昨天、今天和明天，卻依然保持冷靜自信。戴爾．卡內基（Dale Carnegie）[4]寫過生活在「分割時間」中的概念，從本質上代表著將自己與所有事情隔開，**只專注在眼前這一天**。

同時生活在過去、現在和未來的日子會壓得人喘不過氣，逝者已矣，無法做任何改變，放下過去的錯誤和失敗，不要談論也不要回想，而明天還沒有到來，唯一的現實就是在**此時此地**，無論這一天多麼有壓力、糟糕或令人難受，如果只處理當天發生的事情，不要將昨天和明天摻和進來，大多數人都可以順利地從早到晚度過一天。

我在自己的生活和客戶中更進一步應用這個概念，將其修改成更容易理解的區塊，並嘗試在每小時和每分鐘的隔間中處理生活，我建議將每天的時間分成不同區段，每個時間與地點都分別區隔開來。

有幾個客戶過去每天早上醒來時，因為想到兩個星期後的演講而感到胃痛；也有客戶浪費好幾天的時間擔心十五分鐘的採訪或可能僅持續三分鐘的電視節目。這種日積月累的恐懼比真實事件還要糟糕，這種預期確實讓他們痛苦不堪，在事件發生之前，他們在腦海中已經體驗了許多次，而且通常是負面的，想像著所有可能出錯的狀況。

我請他們拿出行事曆並選擇幾個時段來提前計畫和準備，只想像他們想要發生的事情和時間，並且預見成功，而非恐懼和擔憂，當他們在較短的時段中專注於特定事物，一步一步地去做，並且每天調整自己的步調，就會保持冷靜且獲得主控權，有很多次他們告訴我，他們在更短的時間內完成了更多的事情。

無論日子過得如何，你都可以做到這一點，當你有所計畫並充分運用短暫的時刻，盡你所能全力以赴，接著結束這個主題，再繼續進行下一個時，平時讓你備感壓力的大小事情，就會更能應付自如。你可以列出清單，設定每天的優先事務，決定每段時間的焦點項目；如果你願意，甚至可以決定選擇哪個時段來抒發焦慮，但是要限制該時段的長度，而且要嚴格遵守；使用烹飪計時器或手機鬧鐘，可以很有效地規範在指定時間範圍內專注於一件事，透過每小時、每分鐘專注於面前的事情，你就比較不會變得不知所措、整日擔心，或是對即將發生的事抱持負面的預想。

時間區隔化可以強化鎮靜，原因是：

- 讓你的日程變得更好管理。
- 讓煩惱更容易排解，不會沉重到不堪負荷。

時間區隔化可以強化鎮靜，原因是：

- 讓你明白自己可以處理好當前的事情。
- 幫助你更好地控制自己的情緒，並掌握每天如何以及何時處理各種事務。

◉強心針6：把握今天

在電影《春風化雨》（*Dead Poet's Society*）中，羅賓．威廉斯（Robin Williams）飾演一名老師，他讓學生聚集在一張老照片前面，照片中是就讀同一所學校的學生，他對著現在的學生解釋，照片中的這群男孩都有希望和夢想、熱情和渴望，但是他們的時光已經流逝，再也無法在這世上完成任何事情，他們的時代已經結束了，他輕聲說：「把握今天，把握今天。」彷彿照片中的男孩們穿越了時空，從墳墓裡面呼喊道：「你還活著，你可以去實現任何事。」

當你「把握今天」（拉丁語 carpe diem），就會增強你的鎮靜力。你今天能夠完成什麼事？為什麼要擱置？當你考慮把事情往後延到另一天，請捫心自問，這件事情就算永遠沒完成，是否也沒關係？這是個非常好的判斷準則，不要到死都抱著那本書，不要到死都無法發表你的創作，不要到死都還沒展現你的才華或想法。你心中有什麼想法在萌芽？你有什麼夢想？你想改變或完成什麼事情？當你追求深埋在心中的願望時，信心就會開始攀升。

許多人擁有尚未實現的目標，延遲或等待永遠不會到來的正確時間；也有一些人真的有了一番作為，但沒有時間做更多的事情。你現在就可以活在當下。鎮靜力來自於充分地活在人生的此時此刻。下列是一些值得思索的事情：

- 這個星球上的每個人，每天所擁有的時間都是一樣的，一年都是三百六十五天，沒人擁有比你更多或更少的時間；任何有一番成就的人都是在與我們任何人分配到的相同平均壽命時間內做到的，歷史上的傳奇人物同樣只能使用一天二十四小時，跟這個地球上的每個人一樣。
- 擁有嶄新的每一天是一份禮物，然而並非每個人都能體會。

請記得並尊重那些比你更早離開的人，你知道哪些人再也無法活在當下了嗎？過世的家人、朋友、泛泛之交以及你曾經聽說過的人，都已不復存在。

在過去幾年裡，我曾經有一次奇怪但美好的經驗，當我經歷人生中極為艱難的時期時，我開始感受當下，而且在我的腦海中看到以前認識的兩個女人，她們都在年輕時悲慘地失去了性命，其中一人還沒完成高中學業就死於非命，她是一個美麗、友善、才華洋溢的藝術家，本該在這個世上達成驚人的成就，另一個是位可愛的年輕母親，在二十多歲時患上一種可怕的疾病而往生，再也看不到她的女兒長大。

在我最黑暗的時刻和日子裡，她們會輪流出現在我的腦海，起初，我想知道為什麼我會不經意地想到她們，當這情況在充滿壓力、不知所措或擔憂的日子持續發生時，我發誓我聽見她們低語著：「妳可以活在當下。」在那些時刻，我回想起她們短暫的生命，並且記得我們的人生道路有所交集的時候，我想到了她們從未體驗過的事情，也許是潛意識讓我想起了藏在內心深處的東西，但在我的心裡，我覺得是這兩位女性充滿活力的精神給予我一個溫柔的提醒：無論情況看起來多麼悽慘……我可以活在當下。

在你的生活中有多少事情是「我必須」？今天我必須去上班，今天我必須照顧我的孩子們，今天我必須……

如果你將這些敘述修改為今天**「我可以」**會發生什麼事？如果你身體健康且擁有工

作，那麼你**「可以」**開始工作；如果你很幸運地擁有小孩，你**「可以」**照顧他們、替他們做東西或者今天陪在他們身邊；如果你想減重或保持良好體態，而且身體健康到能夠做出選擇，你就「可以」健身並採取適當飲食；假如你必須發表演講，那麼你很幸運，有人認為你的知識**「可以」**跟他人分享。請在一個星期內嘗試**用「可以」取代「必須」**，然後延長為一個月，用「我可以」代替你內心的對話和你對外向其他人發表的評論，你會驚訝於這件事所帶來的不同影響，你可以活在當下！把握今天，一切都將為你所用。

把握今天，可以提升你的鎮靜力，原因是：

- 大幅減少因無所作為而產生的壓力。
- 幫助你充分地活在當下。

把握今天可以提高你的信心，原因是：

- 激勵你採取行動。
- 增加你對目標和夢想的熱情和渴望。

◉強心針7：審視利弊

當我們對某事耿耿於懷，製造太多戲劇化效果時，就很難保持冷靜和自信。你對於所面臨的情況付出了多高的代價？你是否正在對某件事大作文章？身為人類，我們都很擅長這樣做，我們將事情戲劇化、恐怖化，搞得好像攸關生死一樣，然而事實並非如此。

我在媒體或公開演講培訓課程中為客戶錄影就是一個很典型的例子。一般來說，我們會透過練習進行熱身，但他們不知道我已經打開攝影機，他們還沒什麼危機意識，因為我們只是在進行對話或排練，他們很放鬆，沒有侷促不安，在這種狀況下，他們通常就是在做自己；然而只要有人知道正在錄影，他們就會「上線」，神經開始活躍，自我意識和對完美的渴望也會隨之而來，個人壓力會急遽上升，此時他們為這種情況付出的代價正在上漲，連同他們的血壓和腎上腺素也在飆高。

請檢視你對生活和事業中的事情所貼上的「價格標籤」，並且將這些價格相互比較。對於非常緊張的學生，我會用一個極端的例子問他們：「你寧願處於現在的情況（公開演講、大型試鏡、採訪或在鏡頭前講話）還是面對親人臨終？」還是「像我們每天在新聞上聽到的，在戰區努力保護你所愛的人避開槍林彈雨？」我明白這個問題聽起來很病態，但是能夠讓他們迅速地對事情產生明確的想法——他們很樂意選擇當前的情況，而不是極端的例子。

重要的是你要對自己提問，審視在你的人生規畫中，哪些事情對你來說至關重要。

下方提供一些用來檢視代價的問題，你可以捫心自問：

- 這件事在接下來的五年內很重要嗎？
- 這件事值得我犧牲健康嗎？
- 可能發生的最壞情況是什麼？如果真的發生了又會怎麼樣？
- 我認識的人當中，誰經歷過比這件事更糟糕的問題？
- 我設定的代價是基於什麼理由？

審核代價可以強化鎮靜力，原因是：

- 它能讓你對事情擁有更明確的觀點。
- 它能讓你的腎上腺素得到控制。

審核代價可以提高你的信心是因為：

- 提早預測最壞的情境來克服你的恐懼。
- 降低不切實際的期望。

◉強心針8：心靈信仰

許多研究顯示，包括二〇一二年美國葉史瓦大學（Yeshiva University）和英國倫敦大學學院（University College London）的研究，當人們信奉宗教或進行某種心靈修練時，他們的生活變得更加積極，他們變得更加充滿希望，而且沒有那麼多擔憂。

順帶一提，無論哪一種宗教，無論你個人對世界的定義——上帝、宇宙、至高智慧、大地之母、萬物之源，只要感覺與比我們更龐大的事物有所連結，就能有所轉變。

美國德州大學（University of Texas）二〇〇六年的一項研究闡明，信仰和靈性有助於延長壽命。祈禱是一種冥想，如果你是個有信仰的人，或是有在從事任何形式的心靈修練，它是可以在你的生活中創造鎮靜力的強大工具。

將事情交給更高的存有，可以幫你卸下負擔，釋放身心，進而讓你感到放鬆或安然入眠，當你知道自己在任何令人緊張不安的情況下並不孤單，自己可以參與並實現更遠大的目標時，壓力和焦慮也會隨之緩解。我自己的信仰陪我度過了許多壓力高漲的情況，而且在我尚未找到其他方法之前，信仰一直是我的鎮靜力泉源。

心靈信仰可以提升鎮靜力，原因是：

- 它是一種強大的冥想方式。
- 它可以緩和擔心和焦慮的感覺。

心靈信仰可以提高你的信心，原因是：

- 幫助你與比自己更龐大的事物產生連結。
- 給予你一種使命感和價值感。

◉強心針9：打造你的鎮靜力團隊（T-E-A-M）

你可以在自己的周圍建立鎮靜力支持系統，我稱之為「鎮靜力團隊」，以下是你的團隊應該擁有的成員：

T代表老師（Teachers）：父母、教育工作者、在你選擇的領域具有經驗的人，他們是知識提供者，願意分享他們所知的一切，而且樂於幫助你學習。

E代表鼓舞者（Elevators）：能夠增強你信心而不是會擊垮你的朋友，他們是你的個人啦啦隊，當你需要鼓勵時，可以向他們求助。

A代表推進者（Advancers）：想要看到你成功的人，他們希望幫助你在職涯中鴻圖大展，實現你的目標，並協助你成為一個更優秀的人。他們能夠帶給你力量。

M代表指導者（Mentors）：已經抵達目的地、達到成就的人，他們開闢了道路，改造了前進的工具，並且想要告訴你如何做到同樣的事情，他們是你能接觸到的榜樣，也是你想成為的那種人，而且願意花時間向你展示他們曾經辛苦學到的東西，這樣你就不需要從零開始，這些人富有經驗、鎮靜力且渴望幫助其他人變得強大和蓬勃發展。

鎮靜力團隊會成為一個牢固的基礎，你可以從中汲取、依靠、振作，甚至在需要時得到良好的支援，在生活中，我們都需要支持我們、聲援我們、鼓勵我們並增強我們信心的人。我們無法選擇自己的原生家庭，即使期望家人是我們最強大的啦啦隊，但有時他們根本無法，因為他們自己都不快樂，也沒有熱情，但是我們「可以」選擇自己的朋友、夥伴、戀人和靈魂伴侶。

當你選擇朋友、伴侶或配偶作為鎮靜力支持團體的成員時，請記住你希望自己所選的人能夠幫助你，因此**盡可能與積極正向的人在一起，他們將是你最豐富的資源**。再次提醒，鎮靜力具有傳染力，真正冷靜自信的人會與你一起慶祝你的夢想。

健身專家會建議我們找一個健身夥伴——無論是跑步還是健行的夥伴，在我們不想運動的日子裡，他們會鼓勵、鞭策我們，當你和別人一起鍛鍊時，運動會充滿更多樂趣。你能想像自己選擇的那個人是愛潑冷水、消極、死氣沉沉、自私自利或心胸狹窄的樣子嗎？你會馬上淘汰那種健身夥伴，因為你知道自己無法忍受！坦白說，選擇朋友、配偶或伴侶也是同理，他們將在你身邊度過人生的馬拉松，如果你們不是彼此最強大的啦啦隊，你怎麼可能走得更遠，成為更好的自己？

沒有堅固的地基，建築物就會倒塌。倘若一棵樹具有適應力且根部穩固，就可以抵禦強勁的暴風雨；但如果小蟲子侵蝕它的根基，久而久之，這棵樹就會在微風中傾倒。如果你的人際關係無法讓你成長，他們就會打擊你，讓你意志消沉，假如你無法立即改變這些關係，請開始慢慢地在你的生活中逐次納入一個積極正向的人；終有一天，你將會建立自己的支持團體，該團體可以成為你的力量基礎，讓你獲得成長並遠離那些打擊你的人，當你知道有人為你撐腰時，你的鎮靜力就會突飛猛進。

◉強心針10：晨間習慣讓你擁有一整天的鎮靜力

你可以運用這個快速的四階段流程來掌握你的一天，或是自訂計畫，重要的是每天養成一系列的正向習慣，可以幫助你主動決定一整天的生活。

・貪睡就輸了！

被窩實在太溫暖舒適了，我只需要再五分鐘！當你按下那個貪睡按鈕時，你就是在告訴你的潛意識：「我還沒準備好，我不想面對這一天。」你選擇拖延來開啟新的一天。換個方式，請將你的鬧鐘設置成指定的喚醒時間並堅持遵守，你的一天會感覺更加明確且有掌控權。

・為你的一天定調

醒來後做的頭幾件事，將會為你的一天奠定基礎，甚至在起床前查看電子郵件和社交媒體或看新聞都會讓資訊過載，讓全新早晨的清爽感覺蕩然無存，在你頭腦都還沒醒過來時，它會讓你感到恐懼！抵制這種衝動，用一種更強大的習慣取而代之，比如簡短的冥想或祈禱，聽一段令人振奮的音樂，或者花幾分鐘時間回想一、兩件令你感激的事。幾年前有位客戶告訴我，當他們起床時，他們會在一隻腳踩到地板時說「謝謝」，而在另一隻腳踩到地板時說「你」，以表達他們對新的一天的感激。我自己也養成了這個習慣，它確實會讓你在一天當中邁出最美好的一步。

•讓淋浴間成為一個打氣的場所

溫暖、清潔和精神煥發，有助於讓你的身心進入新的一天，這是想像期待擁有的一天的最佳時間和地點，請閉上你的眼睛，在腦海中想像你度過順利的一天，預見你想要的結果，全神貫注地創造畫面——不要只是等著對當天可能發生的事情做反應。

•盡你所能地依照每小時規劃你的一天

以小時為單位來安排你的時間，無論是運動、靜默片刻、與朋友講電話或見面、與你所關心的人共度美好時光，還是不被打擾地進行專案或家務，將你的每日計畫做出越多區隔，越有可能完成對你來說很重要的事情。

與其說「我沒有時間」，不如將其替換為「這不是優先事項」，然後看看感覺如何，如果這個描述對你來說不舒服，你就會了解這是你需要積極安排完成的事情之一，即使有程咬金破壞了你的計畫，你還是可能執行一些自己希望做到的事。

搭配部分或全部的鎮靜力強心針，確實可以讓你創造與眾不同的冷靜和自信，每天與之相伴，即使一開始看起來很困難，但是盡可能將這些融入你的生活是值得的。

請勿全部拿來嘗試，只要選一種感覺可能適合你現在生活的強心針即可，然後用一個星期的時間每天持續實踐，看看對你有什麼作用，然後再嘗試另一個。每個人適合的組合不同。在你繼續閱讀下一章〈鎮靜力的絆腳石〉並思考它們如何與你個人產生共鳴之前，讓我們回顧一下鎮靜力強心針的重點：

鎮靜力強心針的檢核表每天早上做一次自我檢視。

選擇你的焦點。

運用感恩的態度來中止焦慮。

用微小的快樂編織出一整天。

選擇擁有成長心態。

將你的時間做出區隔化。

把握今天。

檢查你的價格標籤。

探索你的心靈信仰。

創造你的鎮靜力團隊。
建立正向的晨間習慣來協助你掌握自己的一天。

客戶的故事

我在紐約市舉辦的一個女性鎮靜力週末研討會上認識了麗莎，她是一位來自長島、才華洋溢的室內設計師，擁有遠大的目標。麗莎曾經在當地的晨間節目中露過幾次臉，而且夢想著寫書、設計名人的住宅，甚至有朝一日可以主持自己的電視節目。問題在於她不是個非常積極的人，當她全神貫注於工作時，她感覺非常良好，但當她試著與朋友一起享受閒暇時光時，最後總是會變得非常沮喪。

與麗莎進行幾次私下輔導後，她透露自己經常往來的朋友們非常悲慘，他們僅存的目標似乎只剩下飲酒作樂，閒聊最近的八卦大事，以及「讓麗莎面對現實」，搬出上百萬個理由說服她永遠不可能跟知名客戶產生交集或者有任何時間寫一本書。他們一直是她多年來的朋友，但是經過輔導課程，麗莎做了一個決定：為了提升她的職業生涯和信心，她需要創造一個鎮靜力團隊，雖然她偶爾還是會與老朋友聚在一起，但是她開始建立一些新的關係，加入一個商業女性策畫團體的分會，該團體分享成功理念和資源給職業女性，並很快地開始結交新朋友。她利用空閒時間和團體中的幾個成員一起健行、划獨木舟和外出用餐，與她共度時光的女性正面積極且屬於目標導向，她們會為她加油，讓她覺得在實現目標的過程中，天空是唯一的極限。

很快地，麗莎在漢普頓（Hamptons）拿到一個很棒的室內設計案，客戶是位美國知名歌手，「我喜歡沙發和地毯的顏色和窗外沙灘上的海浪和沙子相映成趣！」客戶如此形容道，麗莎難以置信，她的夢想成真了。「妳太有才華了，麗莎。」住在漢普頓的歌手告訴她，「我希望妳這個週末能來參加我們對外開放的派對，妳會在這裡看到很多熟悉的名人，而且我知道他們會很高興見到創造這個驚人轉變的功臣，妳要紅了啦！」

鎮靜力強心針的反思

列出你感激的三件事：

列出你認為屬於或可能成為鎮靜力團隊的四個人：

列出能夠讓你快樂一整天的三件小事：

你會選擇哪些積極的晨間習慣或儀式來展開新的一天？

注釋

1 狄帕克．喬布拉（Deepak Chopra），醫學博士、喬布拉基金會和喬布拉健康中心的創始人，世界著名的身心醫學和個人轉化的先驅，也是美國內科醫師學會會員和美國臨床內分泌學家協會會員。他撰寫了八十多本書籍，以超過四十三種語言出版，其中二十二本為《紐約時報》暢銷書，包括《人生成敗的靈性7法》和《不老身心》。

2 拉爾夫．沃爾多．愛默生（Ralph Waldo Emerson）為十九世紀美國最重要的思想家、演說家、散文家和詩人，是確立美國文化精神的代表人物，有「美國的孔子」之稱。

3 亞伯拉罕．林肯（Abraham Lincoln），第十六任美國總統，一八六一年三月就任，直至一八六五年四月遇刺身亡。他領導美國經歷其歷史上最為慘烈的戰爭和最為嚴重的道德、憲政和政治危機——南北戰爭，經由此戰，他維護聯邦的完整，廢除奴隸制，增強聯邦政府的權力，並推動經濟現代化。

4 戴爾．卡內基（Dale Carnegie）是二十世紀最偉大的溝通學大師，被譽為「美國現代成人教育之父」。他於一九一二年創辦卡內基訓練機構，歸納出一套人生成功法則，融合演講、推銷、處世、潛能開發等個人技能需求，幫助超過千萬名學員變得更有自信。

第2章 鎮靜力的絆腳石

「在週一、週三和週五，我醒來時認為自己是史上最偉大的人；在週二、週四和週六，我覺得自己很淒慘，一事無成，我最好開始行動，但我是個虛偽的騙子；到了週日，我根本什麼都不想管了。」

——大衛．佛斯特（David Foster）

我們都有各自的鎮靜力絆腳石，那就是我們的壞習慣和信念，害我們無法感受到自己渴望擁有的冷靜和自信。社會本身可能就是一個龐大的鎮靜力絆腳石，我們被影像、廣告、媒體、產品和服務所轟炸，讓我們覺得自己還不夠格，或是擁有得不夠多，團體、機構、文化、甚至我們的家人朋友也經常告訴我們該怎麼思考，以及我們應該如何看事情、如何相信、如何行動，以迎合他們的模式或安排。我們也會在自己的腦海中創造非常多的鎮靜力阻礙——絕大多數甚至並非真實，當我們都在向外求、試圖找到自己的冷靜和自信時，自我懷疑和自我破壞的行為就會大肆擾亂，除非我們意識到所有的鎮靜力都是由內在開始，就像《綠野仙蹤》裡桃樂絲的故事一樣，當她了解到那股力量其實一直都在自己身上時，她只要別再去聽那些干擾和外部雜音，並且相信自己就行了。

你或許會發現有礙你保持鎮靜的事物很多，但切勿因此自怨自艾，事實上，辨別和面對自身的鎮靜力阻礙，將有助於你進一步拿回主導權，這樣它們就再也不能影響你了。以下是一些我遇過最常見的阻礙，以及扭轉它們的方法：

◉絆腳石1：影子人物

影子人物是我們腦海中的「他們」：他們會怎麼想？他們會說什麼？如果他們不喜歡我怎麼辦？如果他們認為我不夠好怎麼辦？如果他們嘲笑我怎麼辦？所謂的「他們」就是批評者，可能是我們生活中真實存在的人，也可能全是我們憑空想像出來的，基於我們的假設、恐懼、文化和社會輿論，甚至我們所接受的刻板印象，我們相信這些人會反對、批判我們，或者更糟糕的，否定我們，他們形成的陰影會扼殺我們的鎮靜力，影子人物會搶先在真實的人們動作前阻擋我們。

試想看看，有多少次你想像自己被他人否定，甚至在你根本還不認識這些人之前？

好比那些潛在客戶、某個面試官，或是某個隱藏的重要人物。我們假設人們會拒絕我們，或者對我們抱持最壞、而非絕佳的印象，我們在腦海中聽見他們的聲音，看見他們怎麼潑我們冷水。我們甚至創造出活得比我們更出彩的影子人物，我們容易長他人志氣，滅自己威風。想像陌生人和熟人擁有最令人稱羨的工作、配偶、孩子、房子、假期和消費能力，我們假定他們什麼都不缺；可是誰能真的知道別人的生活背後發生了什麼事？我的公公在執法部門工作了很多年，他總是提到，如果人們得知鄰居家中的赤裸真相，他們會有多麼震驚。影子人物是虛構的霸凌者，他們本來沒有表情也沒有感覺，然而卻是你賦予了他們生命和力量。

幾年前，一家全國性的有線電視臺派了一男一女兩個主播，讓我安排一些攝影訓練，他們一起來參加課程，那個女人帶著燦爛的笑容走進我的工作室，充滿活力和熱情，那個男人進來時看起來很緊張、脾氣暴躁且防備心重，我立刻對那名女士產生好感，情不自禁想幫她，可是對那位男士卻沒這種感覺，只是感到很尷尬。與他們兩位聊了一會兒後，我才知道原來這位女士把公司派她來培訓這件事，理解為主管看中她的潛力，在我們會面之前，她一直想像我會怎麼幫她提升技能，從而在電視臺中獲得更多機會；相較之下，那位男士對這一切已有定見，認為這種培訓絕對是因為製作人認為他表現欠佳，需要用某種方式對他教育一番，他一直想像我會吃掉他，然後再把他吐出來，只因為他之前做錯一些事！

他其實一無所知，實情是，製作人告訴我，他們派給我的是最有前景的兩位新秀，然而，他已經做了最壞的設想，他的負面思想影響了他的舉止和他對我的態度——也反過來影響我對他的印象，打從他一進房間，甚至在他說話之前，這些印象就形成了。在我們消除隔閡之後，他終於明白我會支持他，而不是跟他唱反調，最後，他成功證明了自己是個擁有無窮潛力的幹才，正如電視臺所預測的。

如何扭轉影子人物：

- 把你的影子人物想像成熱情的朋友和夥伴。
- 在進行假設的時候，試著往最好的方面想像，而不是最壞的。
- 期待你從未見過的人會尊重你。
- 期待你從未見過的人會喜歡你。
- 期待人們會看見你所擁有的東西，而且認為你是有價值的。
- 提醒自己，每個人都為某些事情所困，他們經常更關心自己的生活，沒有那個閒工夫去打量和批判你。

◉絆腳石2：內心的批評者

你內心的批評者是個討厭的房客，在你的腦海裡占地為王，以一種你不敢對任何人用的說話方式與你交談；它也是個小偷，最喜歡偷的就是你的鎮靜力。我們是否經常讓內心的批評者影響了我們面對大型演講、採訪、會議、對話或目標所做的選擇？內心的批評者千方百計地阻撓我們，用一種質疑的語調低聲說話：你以為你是誰？你不夠好、不夠聰明、沒有價值或沒有吸引力。然而，關於內心批評者最弔詭的事情是，它其實就是……你自己，它不是陌生人，不是怪物，也不是我們無法控制的外部力量，它是我們害怕和沒安全感的部分，試圖保護我們自己。與其聽從它的指揮，不如用你擁有的另一種聲音與你的內心批評者對話：你的內在教練，你會如何引導朋友度過艱難的時期？假如他們害怕或懷疑自己，你會如何與他們對話？請運用你努力鼓勵一位好朋友的方式，跟你內心的批評者交談。（我們將在第九章「鎮靜力的內心聲音」中，更詳細地介紹這兩種聲音。）

下列是你可以對抗內心批評者的方法：

- 承認它，讓它說話，然後用你安撫受驚嚇的孩子的方式來回話。想一想你最喜歡的老師或教練會如何幫助你解決棘手的問題、懷疑或恐懼。

- 請牢記，如果你不對自己說些正面的話，內心批評者就會對你講負面的話。
- 提醒自己，即使內心的批評者想讓你杞人憂天，你也可以選擇專注於自己的智慧、知識和經驗。
- 請記住，每個人都有各自必須應付的內心批評者，沒有人可以對此免疫，有些人已經學會阻止它的辦法，代表你也能辦到！

◉絆腳石3：煩惱

我的祖父總是告訴我，地球上只有一個地方沒有任何煩惱，那就是墓地。每當我經歷焦慮、心碎或失望時，他都會提醒我這一點。每個人都有困難，每個人在某些時候都會為某些事苦苦掙扎。有時，思考「哪裡可能出錯」和我們「不想要什麼」，似乎比專注於「哪裡可以做得好」和我們「想要什麼」更容易，煩惱根本不用特別做什麼也會出現。

擔心且深陷於某些事物時，我們會耗盡自己的精力，在人生的路途上停滯不前；當我們扼殺自己的夢想或終日飽受壓力時，簡直相當於死了一千次，基本上我們一直在告訴自己一個謊言，那就是：我們無法處理眼前的事。

賓州大學近期一項針對男性和女性煩惱日記的研究中，參與者的煩惱平均有百分之九十一．三九都沒有成真，對於確實發生的少數煩惱，參與者也回報事情比他們預期的還要好，值得注意的是，該研究甚至表明，參與者耗費在擔憂的時間占了每天的百分之二十五以上！這些結果顯示，我們浪費了太多時間在擔心幾乎不會發生的事情！

即便真的發生了不好的事，我們也必須相信自己有能力應付，一定要相信自己會找到克服它們的方法，這些困難絕對有解，無論如何，情況可能沒有我們想像的那麼糟。

以下提供可以克服過度憂慮的方法：

- 在日記或筆記本上寫下你的擔憂，持續追蹤它們，看看哪些真的成真了。
- 練習正念——百分之百專注在「這一刻」。當我們擔心時，實際上只是試圖生活在一個甚至還不存在的未來時刻。
- 做好最壞的打算，以及萬一真的發生的話，你會怎麼處理，即便最後真的發生了，事情也一定會變得更好應付。
- 採取行動，然後順其自然——對於你擔心的情況，決定你能做什麼和不能做什麼，盡你所能處理潛在的擔憂，對於任何無法控制的事情，提醒自己即使擔心也無濟於事。
- 與值得信賴的親朋好友或諮商師分享你的擔憂，他們或許能幫助你從更適當的角度看待事物。有時，跟其他人討論煩惱，不要自己悶著頭想，這麼做就能得到某程度的釋放。

◉絆腳石4：完美主義

許多客戶和學生都陷入了完美主義的陷阱，特別是當你發現自己處於聚光燈下的時候，就更容易陷進去；當我們感覺所有的目光都在自己身上時，我們會要求一切都要完美無缺，因而給自己超大的壓力。我發現很多人認為他們在某些事情上除非做到完美，不然他們就會覺得自己真的不夠好，這些事情甚至包括他們的生活！當我們努力趨近完美時，便全然忘記自己身為人類的這個事實：人類本就不完美，也永遠不會完美。當你專注於努力做到完美時，就無法按照自己的意願行事，你會苦惱、受挫、憤世嫉俗且有不合理的期望。當你終於放棄追求完美時，你會給予自己彈性，只要做得「不錯」就心滿意足。多項研究表示，我們根本不喜歡完美的人！社會心理學家艾略特・阿倫森（Elliot Aronson）進行的一項研究顯示，多數人認為完美的人在搞砸、跌倒或犯錯時更討人喜歡，人們覺得不完美代表著你腳踏實地、平易近人且真誠。

以下是你可以對抗完美主義的方法：

- 允許自己更有人性。
- 下定決心變得「不完美」。

- 當錯誤、弱點出現或出洋相時，別對自己那麼嚴苛。
- 學會自嘲，別把自己看得太重。
- 你要明白，當你喜歡自己時，包括你的錯誤和不完美，其他人也會覺得你更討人喜愛。
- 請記住，小錯誤會討人喜歡，而且其實可以讓你在社交上更具有吸引力。
- 你必須了解，害怕犯錯或做錯事正是導致你搞砸的原因。

◉絆腳石5：拖延

拖延會使人衰弱，就好比在你的身體和心靈上澆灌容易乾硬的水泥一樣。當我們對自己感到不確定時，就會一直把事情往後延，直到我們認為萬事俱備。但是這樣的時機永遠不會到來。

我有位客戶非常擅長在鏡頭前表現，她是一位醫生和健康專家，很想擁有自己的電視脫口秀節目，她經常接受電視新聞節目的採訪，而且會收錄節目片段，以便將她的作品彙整成影片回顧，可以展示給廣播代理商和選角人員看，目前她已經編輯過很多次，但總是覺得影片不夠好，所以從來沒有把它寄給任何人看，她說不想給人留下不好的第一印象，影片必須完美無瑕。我開始覺得她永遠不會把這個影片寄給任何人。

如果我們等待一切變得完美，等待合適的時機，那麼這一天永遠不會到來。我們只要努力為下一步做好準備，每一個階段都會讓你進入下一個階段，只要妥善地運用你現在擁有的一切就夠了。

一般來說，我們對事物的預期往往比實際情況還要糟糕許多。例如，許多害怕公開演講的人遲遲不願準備演講或簡報，他們生活在恐懼和惶恐之中，聲稱自己沒有時間，所以無法處理；不幸的是，如果沒有扎實的準備，幾乎不可能做出很好的演講——因此它變成了一個自我實現的神話，如果他們肯花時間準備，就會對自己的內容更有信心。

有時，我們之所以拖拖拉拉，其實是因為我們「害怕成功」，我知道這聽起來很沒道理，但我有幾個客戶一直拖延他們明知對自己成功有助益的事情，因為他們擔心，如果最終得到了自己想要的東西，他們可能還沒有真的準備好接受，也許他們認為自己不配擁有，又或是擔心如果獲得所尋求的關注，他們將會被「公諸於世」——被揭發是一個騙子。在其他時候，我們拖延是因為什麼都不做比較容易，我們想逃避努力所帶來的痛苦，我們逃避痛苦的渴望遠大於我們從收穫中得到喜悅的期望！

每當談論到我們的目標和人生責任，拖延會提供我們一種虛假的舒適感，因為我們躲開了痛苦，直到後悔變得比我們推遲的工作或行動還要痛苦。

以下是你可以對抗拖延的方法：

- 不要憑情緒來行動——不要等到有靈感或心情愉快的時候，現在就可以去做。
- 請了解第一步確實是最困難的，一旦你開始動作，一切都會開始進行。
- 試著回想你把事情推遲的那些時候，雖然似乎難以承受或困難重重，只要你開始投入，那些事情就不會看起來那麼糟糕。
- 如果你知道自己不太能遵守自我規定的最後期限，請交給某個人負責提醒你最後期限。
- 想像一下事情完成後你會有什麼樣的感受。
- 請記住，完美主義會導致你拖延，停止追求完美，只要做得夠好！
- 別等待時機成熟或一切準備就緒，這是我們用來拖延行動的藉口，努力做就對了！

◉絆腳石6：從外部定義自己

鎮靜力是一個有關內在的工作，當你藉由自己以外的事物來定義自己時，便很難在生活的各個領域中保持鎮靜力。你不等於你的工作，你不等於你的財務，你不等於你的母校，你不等於你的處境，你週遭的人和世界會改變，他們對你的看法和信念也會改變，你是誰的真相只能在你自己的內心、腦袋和心靈中找到。

我提供給客戶的其中一個練習，就是定義和記住他們的「紅線」。多年前，我的祖父告訴我一個他聽過的故事：有個資深棒球員談到了棒球紅線的重要性。如果仔細觀察棒球，你會發現細細的紅色縫線讓球更加堅固，棒球專門用來打擊，它們被投手以每小時超過一百英里的速度投擲到空中，然後被球棒狠狠地擊中，以至於它們可以飛出體育場，除了少數的例外情況，細細的紅線使棒球牢不可破。棒球運動員說他的信念就是成為自己生命中的那條紅線，在龐大的壓力之下仍然能堅定自己。

我要求我的客戶和學生想想看他們的紅線是什麼，或許是他們的信念，也可能是他們的目標和夢想，也可能是他們的家人，他們的使命、目的或熱情……無論對他們而言是什麼，我都要求他們在事態變麻煩時，記住能讓他們堅定自我的紅線。

除非堅持對我們更重要的內在線索，否則來自外部的批評就會傷害我們，紅線可以幫助我們冷靜下來，讓我們以更好的視角看待事物，並記住對我們最重要的事情。

我受邀為一個國際青年企業家團體訓練他們的公開演講和簡報技巧，以參加一場競賽，他們必須提出自己的商業理念，讓投資者對他們感興趣並給予贊助。他們擁有很多出色的概念、計畫和產品，但是他們有三分之一的分數是基於他們與評審團的溝通方式。找到方法幫助他們提升簡報技巧，使他們對本身事業的熱情得以閃耀發光，令我感到相當興奮，此活動也為其他沒有進入決賽的年輕企業家舉辦了研討會，無論我走到哪裡，都感覺自己置身於夢想者、發明家和先驅者的溫床。

那是在佛羅里達州邁阿密海灘的美好一天，休息時，我決定沿著海邊的木棧道漫步，走著走著，我注意到一個穿著灰色西裝的老人和一個穿著黑色演唱會T恤的年輕人，在距離我沒幾步的前方邊走邊聊天，我們都以同樣的速度前進，所以我不小心偷聽到他們的一些談話，隨著我們的步伐，我的印象是這位年長的紳士正在指導這個年輕人。

有一度我聽到他對年輕人說：「如果你做出這個決定，我對你的看法不會改變，但更重要的是，如果你做出這個決定，你對自己的看法會改變嗎？」

哇，我心想，這一定是我聽過最好的建議，每當我們要做出決定時，我們都應該問自己這個問題，我們讓太多外在事物來定義自己，然而，我們對自己的看法才真應該成為我們如何生活的基礎才是。

如何扭轉從外部定義自己：

- 在你擔心別人會怎麼看待你之前，首先要關心如果你做或不做某件事，你會怎麼看待自己，這會讓你對自己有什麼樣的感覺？
- 決定屬於你自己的高度標準，為自己努力達到它們，你才是每天早上醒來會坦誠與自己交流的那個人。
- 不要像其他人一樣把權力交給外界，如果你讓自己相信他們對你的看法比你對自己的看法更重要，人們只會貶低你。

- 當你相信自己時，你將有更多的東西可以給予他人，如果努力培養對自己的正面看法，你甚至會擁有更多的力量去幫助別人。

◉絆腳石7：比較和沮喪

當我們把自己與他人比較時很容易沮喪。當我與學校的年輕學生和青少年群體交談時，聽到現今有許多年輕人將自己與他人進行比較，我總是替他們感到難過，「比較與絕望」永遠在進行中，我記得在中學和高中時期很常見，但社交媒體促使這種情形比以往任何時候都更加激烈，如今你幾乎可以將整個世界帶進家中或臥室的私密空間，只需要滑動數小時或數天，將自己與手機或電腦上其他人的影像和生活進行比較。當我們沒有使用鎮靜力的強心針來訓練正面的專注力時（請見第一章），比較和絕望就會被放大。當然，對其他人感興趣並沒有錯，欣賞他人的時尚、美麗、才華和生活方式可以啟發我們，並且幫助我們了解對自己喜歡和不喜歡的地方，可是當我們透過比較的角度來做這件事時，問題便會產生。

如何扭轉比較與絕望：

- 當你欣賞別人時，一定要同時欣賞自己的某些部分。
- 了解拿自己與他人比較，就像古老諺語中把兩個截然不同的東西相互比較，你不可能將自己與其他人做齊頭式的比較，因為每個人都是獨一無二的。

- 檢視你自己的感受，當你看著別人在做什麼或他們看起來像什麼時，如果你對自己感到糟糕，你就會知道自己正陷入一個比較與絕望的時刻。
- 選擇能夠讓你成長的事物來代替比較和絕望：寵愛自己、學習新技能、從事你熱愛的項目或嗜好，或者為別人做一些好事。
- 請記住，世界上大約有三十六萬九千種花卉植物，它們都有各自的美麗之處，不會擔心其他的花長什麼樣子，它們一起開花和繁榮茂盛，甚至雜草也有一些非常美麗的花朵，同樣生意盎然，因為沒有人告訴它們是雜草，事實上，你甚至可以將它們的花稱為瑪格麗特或毛莨。

◉絆腳石8：自我意識過剩

過度自我意識真的會讓你心煩意亂，當你過分關注自己時，就很難聚焦於他人和週遭發生的事。你很容易覺得人家都在關注你的一舉一動，但隨後你會了解到，他們其實是在關注自己的一舉一動，旁人（除了你的家人和好友）真的沒有那麼在乎你，不好意思，講到這裡我笑了，因為我知道這聽起來很討厭，但其他人真的都全神貫注於自己腦中的事情，跟你一樣，他們都在思考跟自己有關，以及自己意識到的所有事情，或是思考生活中發生的種種。

當我第一次開始在鏡頭前工作時，我記得自己站在一個寬敞電視攝影棚中央的明亮燈光下，所有鏡頭都朝著我一人，一開始我感到很不自在，因為所有的目光都集中在我身上，過了一會兒，我了解到每個人都在關心自己的工作，盡忠職守，燈光師正在尋找陰影、攝影師正在構圖、化妝師正在檢查她的成果，而音訊技術員正在檢查音響，儘管我是他們研究的對象，但他們都專注於自己的需求，於是我就站在那裡，讓他們執行自己的工作，不再想那麼多了。

其實我試著想辦法幫助他們並了解他們的需求，你幾乎可以在任何你感到不自在的情況下做到這一點——**開始關注他人的需求，了解他們跟你一樣只是想順利過完這一天**。一旦擺脫自己的腦袋，開始關注他人，你就會暫時忘記自己的擔憂，這種忘性能讓人無憂無慮地活在當下，並且以真誠、自然的方式回應週遭的世界；當我們不再沉溺於自我，就會開始看到彼此之間的關聯，而且更加活力充沛；當你的想法是「我能幫上什麼忙？」而不是「我希望他們喜歡我」，整個世界都會產生變化。

如何扭轉過度自我意識：

- 首先，在與他人互動之前，盡你所能讓自己的行為變得協調一致。使用本書中的一些技巧，準備、計畫、鍛鍊你的冷靜和自信，並且盡量表現強大（或夠好！），然後……忘掉自己。

- 透過聚焦於他人來擺脫自我意識，採用「我能提供什麼幫助？」的服務導向。
- 請記住，其他人都在擔心自己以及他們在工作和生活中發生的事情。

◉絆腳石9：自我破壞

忽視自己和健康會讓你心煩意亂——當然也會讓你無法在下列情況下發揮潛能，包括睡眠不足、缺乏運動、暴飲暴食、飲酒過量、吸毒、讓自己被過多待辦事項壓得喘不過氣等。當你筋疲力竭時，身體就不能準確地完成工作，況且身體和心靈是相連的，所以你可能會因此感到懶散，無法處理眼前各種困難的情況。疲憊不堪的身心通常不會有耐力和衝勁。

當我們為了一輛新車、一雙名牌鞋或一件珠寶花很多錢時，我們會特別寶貝這些物品，對這些投資呵護備至，希望它們常保嶄新狀態。然而我們的健康、身體和腦袋都是無價的，我們卻沒有經常保護它們，當身體耗損折舊，我們不可能出去買一個新的身體就好，要是我們把身體和腦袋當作價值數百萬美元來對待呢？畢竟，你的身體真的是無價且不可替代的。當你感覺自己呈現最好的狀態，便可以期待人生將會提供你最好的——你甚至可以要求最好的。

最近，我在紐約市的訓練教室教授小組課程時，與一位選角導演進行了交流，那裡大多數的教師不是選角導演就是經紀人，在上課前和下課後與他們聊天讓我有機會能好好了解他們的工作模式，以及他們喜歡和不喜歡與表演者合作的地方，我也聽到了一些非常有趣的故事。

這位選角導演跟我分享他見過許多的挫敗感：表演者在大型試鏡或會議之前自我破壞，他告訴我，他幫助一個他認為很有潛力的年輕女子參加一次大型試鏡，然後發現她居然前一天晚上跑出去慶祝，喝得酩酊大醉，隔天試鏡時完全是宿醉狀態，沒有活力，表演得非常差勁，結果想當然耳不順利，客戶對她的第一印象非常糟糕，以至於後來有任何案子都會排除她。選角導演告訴我，這種情況發生的頻繁程度會令我更吃驚，他相信這種自我破壞的發生是因為缺乏鎮靜力與過度自我懷疑。在第三章「自我關懷的鎮靜力」，我們將會探討你如何管理和防止這種自我破壞，並且多加關懷自己，以確實地建立冷靜和自信。

如何扭轉自我破壞：

- 檢視你如何對待自己。你表現友善嗎？你有好好照顧自己的精神、身體和心靈，就像它們價值數百萬美元一樣嗎？如果沒有做到，請自問原因為何。

- 在重要會議或活動之前要特別注意，建立一個「巔峰表現」的準備習慣，幫助你展現最佳狀態。
- 在獲得大好機會之後再慶祝，而不是提前慶祝。
- 如果你對自己的價值有所質疑，請列出你有資格展現自信的所有原因，有時我們需要看到書面的東西，好說服自己我們可以堅持到底並達成目標。
- 經常問自己：「我即將要做的事情會使我成長，還是會摧毀我？」

如果你正為這些障礙苦惱，請先別氣餒，正如我先前所說，我們都擁有同樣的困擾，沒人可以免疫。請記住，你可以控制大多數的障礙。如果這是你長期、甚至多年的壞習慣或思維模式，別指望立刻改變——那樣是不切實際的，這通常需要一些時間，只要每天朝著正確的方向前進就行了。最好的做法是當你開始被絆腳石困住，並且找出原因時，你可以說：「停！這次我要思考、執行或嘗試一些新的做法！」也許你會從單純地關心自己和善待自己開始，因此我們將進入到下一章：自我關懷的鎮靜力。

鎮靜力絆腳石的重點提示

- 許多絆腳石是從我們自己的腦海中創造出來，我們是賦予它們力量的人，所以我們也能奪走它們的力量。
- 運用你的積極性、你的光芒、你的誠實和心靈來對抗鎮靜力的絆腳石。
- 專注於做真實的自己，少關注其他人的想法。

客戶的故事

「她是位了不起的廚師，只是在鏡頭前少了點自信。」製作人在電話中說道，「電視臺很想給她一個機會主持自己的烹飪節目，但不確定我們是否能讓她做到我們要的效果，妳覺得可以幫上忙嗎？」

我跟許多在自身領域很厲害的專家和專業人士合作過——直到你把他們放在舞臺上或電視臺的攝影機前。當聚光燈打開時，他們內心的批評者也會浮現。當這位出色的廚師走進我的訓練室時，她對食物傳達出一股洋溢的熱情，我們有說有笑，她甚至令我對下課後午餐的想像垂涎三尺。後來我把她安置在鏡頭前，她立刻變了一個人——僵硬、侷促不安和對自己的不確定。

「妳在跟誰說話？」我詢問道。

「我的父親，」她回答道，「當我對著鏡頭說話時，我總是想像自己在和父親說話。」

此時，通常我會建議媒體界的客戶聚焦在和單一觀眾進行一對一的對話，而不是想像自己對著一個團體或一大群陌生人講話——所以她的回答似乎符合要求，只不過……背後肯定有什麼樣的故事，我心想。「妳能告訴我一些關於妳和父親的關係嗎？」我再次詢問道。

「嗯，我跟我父親很親，然而當我下定決心要成為一名廚師時，他很生氣，他希望我跟他一樣當個醫生；我一直努力做出成果，好向他證明我的決定是正確的，但他對於我的任何成就都不滿意，甚至電視節目片段也一樣。」

癥結點就在於此，她選擇透過鏡頭與之交談的人不是一個盟友，而是一個扼殺信心的批評家，發現了這一點後，我們決定從那一刻起，她不能再想像她父親在看她的節目，而是與真正需要她幫助且喜歡收看節目的觀眾對話。

「我簡直無法相信我現在多麼喜歡在鏡頭前面，」她後來告訴我，「只要我開始想像自己正在透過鏡頭，跟真正需要我的烹飪建議且喜歡學習我的食譜的觀眾交流，一切都改變了。」在第一堂訓練課程之後，我們花了幾個星期的時間來打破她專注於她父親的習慣，轉而描繪一名身為熱情粉絲的觀眾，她的進步突飛猛進，製作人也感到非常興奮，她最終獲得了自己的全國性烹飪節目。

鎮靜力絆腳石的反思

列出三個對你而言最主要的鎮靜力絆腳石：

針對這三種絆腳石，分別列出一種你認為足以對抗的方法：

第3章 自我關懷的鎮靜力

「自我關懷是向世界展現最好的你，而不是檢視自己還剩下什麼。」

——凱蒂・瑞德（Katie Reed）

自我關懷是我們擁有最強大的日常鎮靜力基石。然而，每天有很多事情會耗盡我們的精力，就算一切順利，為了在工作和家庭生活之間取得平衡，伴隨而來的壓力也會對我們造成影響，面臨挑戰時，我們的精力和幸福感更會大幅下降。

透過照顧身體、精神和心靈來補充活力，對於在日常生活中創造更多冷靜和自信至關重要，當我們練習**自我關懷**時，就等於在告訴自己「這麼做是值得的」，自我關懷有助於我們對自己的情感、身體、心理和心靈需求負責。

當生活中這四個方面都健康無虞並呈現最佳狀態，我們便能展現最好的自己；當我們落實一致的自我關懷習慣時，就能更良好地處理壓力，從而使我們的生活更加平靜；積極的自我關懷習慣會提高自信水準，因為我們會感覺自我和自身的能力變得更好。

在第二章中，我談到了「自我意識過剩」一事，以及如何透過專心幫助他人來與之抗衡；在自我關懷方面，自我關注是一種積極正面的策略，如果無法先照顧好自己的需求和健康，就無法服務或幫助他人。

美國國家衛生院（National Institute of Health）國立醫學圖書館（National Library of Medicine）的一項研究表明，當醫學院學生在醫學院期間面臨高度壓力水準和過多工作量時，若致力於更好的自我關懷習慣，就可以更好地管理壓力、更有自信應付挑戰，還能體驗到更好的生活品質。致力於良好的自我關懷習慣，到頭來會讓他們成為更優秀的醫療專業人員，為他人提供更多服務。

我的確可以告訴你要吃好一點、常常運動之類的，但這些事情的重要性你早就知道了，如果真的想增加冷靜和自信，只需要選擇去做就好了，如果你像我一樣，在健康飲食和讓身體運動的過程中來來回回，也沒關係，只要曉得當你有一個重要的目標或活動，或者正在經歷一個困難時期，這些習慣會幫助你將一切處理得更加完善。下段文字是練習自我關懷的一些好方法。

深入未知的領域

我們大多數人的生活都被工作和家庭事務給填滿，以至於很少能好好喘息一下，我們會等到假期或週末才拚命給自己充電，而真的閒下來時，又會用電影、雜誌、餐廳、飲料、嗜好、娛樂和健身等令人分心的東西來填補時間，我們會注意任何事物，唯獨和平與安靜被排除在外。

請不要誤會我的意思——我上述提及的所有事項都是令人愉快不可或缺的方式，可以與你在乎的人相處、維持健康，從你的興趣和嗜好中獲得樂趣，但是安靜獨處的休息時間可以讓你進入的境界，根本不是用其他任何方式可以達到的，當然，你可能在跑步、騎單車、樹林裡散步、甚至在淋浴時獲得一些很棒的靈感和洞察力，但是這些事情仍然涉及「做某件事」，無論是生理上還是心理上，令人分心的事物無處不在。

很多人對完全停止活動、在沉默中自處、在自己的腦海中獨處的想法感到不舒服，對某些人來說可能只會感到恐懼，他們很難長時間坐著不動，也很難為了獨處而將自己從生活中發生的所有事情抽離出來。但是練習讓身心安靜地獨處，可以對生活的各個方面產生深遠的影響，人類心智的深處存在著不可思議的直覺、洞察和智慧，唯有安靜地獨自思考時，你才能利用這些直覺、洞察和智慧。請閉上雙眼，隔絕外界，徜徉在自己內心的這一刻，當你真的體會到內心的和平和安靜時，將會靈光乍現，誕生新的想法，答案和方向也會慢慢浮出水面。

想想看，在不為人所知的地方總是有最神奇的事情，一般人往往看不到正是這些事情造就出精采的影視作品。正是多年的辛勤工作和深度專注力，突然讓某個人看起來像「一夜成名」。如果不深入未知領域並挖掘內在的工作，就不可能寫出一本好書，其他諸如偉大的發明、創新的音樂、想法和目標都來自於內在的工作，我指的是冥想以及將時間集中於「向內看」，而不是「向外看」，有些人不知道如何冥想，他們覺得焚香、盤腿和吟誦「唵」（Om）太花時間了，所以讓我們把冥想這個詞改成**「內在工作」**，由**你**決定自己想**怎麼做**、**在哪裡**以及**什麼時候**做，當你致力於內在工作時，你將擁有一個令人驚嘆的堅固跳板，可用於有待解決的任何外在工作，這是世界上唯一能賦予你鎮靜力的工作，它會釋放出驚人的能力和才華，激發心靈、智慧、動力和熱情。

不能等到有空才整理思緒或讓身心靈平靜下來，你得抓緊時間，就像我們被告知要未雨綢繆，準備緊急避難包一樣，在人生的風暴來襲之前，每天都要做好心理準備，如果你等到需要加油時才找加油站，油早就耗光了。

從較短的時間開始，閉上眼睛做幾次深呼吸，起初你的腦袋會胡思亂想，會有成千上萬個無用的念頭出現，但是只要堅持兩分鐘，接著撐個五分鐘……逐漸增加到你期望的時間，也許利用早上十分鐘的時間，也或許你可以做得更久。請不要給自己壓力，期待自己突飛猛進，只要練習放鬆和整理頭腦思緒的次數越多，你探索內心的程度就會越深，請了解且相信即使是短暫的訓練也會對你的身心產生鎮靜作用。

你可以翻到第十七章的「鎮靜力練習」去了解一些簡單易行的方法，讓你在生活中進行一些有趣且有效的日常冥想。

為鎮靜力騰出空間

擁有一個可以讓你遠離塵世，進入自己的內心的所在，這點很重要。創造一個僻靜的場所，一個讓你可以開始接觸和平與安靜的專屬之地，它應該是一個放鬆的特別處所，在那裡，你可以安定、沉思，從日常的煩惱中抽離。這個僻靜之處可以是家中的一個區域，或是能讓你散步其中的地方，甚至可以是在家人早上醒來之前，你能安然坐著的專屬座位，只要確保是個你能隨時隨地造訪，令你放鬆的地方就好。

從春末到初秋，我會把前廊變成一個可以寫作、思考、小酌，又或純粹只是閉上眼睛聆聽鳥叫和風鈴聲的地方。你可以在任何門廊、甲板或陽臺進行此事，用鮮花、植物、你喜歡的東西、茶几、搖椅、風鈴、旗幟、吊籃、鳥籠、蠟燭和枕頭布置它。

你的特殊空間可以是家裡或辦公室的一隅——我也把家裡當成辦公室，將它打造成我最喜愛的維多利亞復古風，擺滿能夠反映自我本質的事物，我有一個古董陳列區、一個蒂芬妮燈、薰香、蠟燭、枕頭、日記本、筆記本，還有一個書櫃裝滿了成就我且令我感動的書籍。我的一位印度教客戶有一個移動式祈禱擺設，她會隨身攜帶，連同薰香一起，在工作場所、飯店和世上任何一個角落創造一個寧靜、反思和祈禱的地方；其他客戶則用具有感染力的石頭、水晶、精油、飄逸的圍巾、蠟燭、收藏品和音樂，與他們寧靜的地方建立連結。

你的僻靜處甚至可以是讓你覺得神聖的樹林或森林，你所在城市或鄉鎮中的一個小型公園，或者你家外面的那座山上，正如作家和心理學家韋恩·戴爾博士（Dr. Wayne Dyer）[1]常言道：「大自然就是天然的療法。」日本的研究顯示，在森林或樹木和灌木叢中消磨時光，會降低壓力荷爾蒙皮質醇的水平，減緩心跳並降低血壓，森林環境讓人感覺更有活力，促進人們的專注力，甚至有助於減緩憂鬱和過動的症狀，因為植物和樹木會散發出一種名為「芬多精」的物質，有助於保護它們免受昆蟲和細菌的侵害，同時對人類健康具有正面益處。森林浴就是讓自己沉浸在森林中植物和樹木的綠意、聲音和氣味中，使副交感神經系統更加活躍，促進放鬆並抑制與壓力之下「戰或逃」反應有關的交感神經。

一夜好眠，有助於讓你更為冷靜自信

睡眠是自我關懷的根基，國家醫學圖書館指出，睡眠品質會直接影響樂觀和自尊，連續睡眠六到八小時最可能擁有更自信的一天，睡眠不足六小時或超過九小時則會造成自尊心低落，影響情緒樂觀度。美國心理學會（American Psychological Association）的研究顯示，睡眠可以讓我們的大腦重新充電，充電時，你會感到更加冷靜，人們獲得適當的睡眠就會更快樂，你的身心需要充分休息、恢復活力和維修保養，才能開始新鮮且充滿活力的一天，否則你會感到疲倦和不知所措。這裡提供一些讓你獲得所需睡眠的好辦法：

- 盡量在晚上十點前上床睡覺，即使日程表要求你早起。在晚上十點到十一點之間入睡也能確保你獲得所需的睡眠週期長度。當你過度疲勞時，也會更難入睡。
- 服用鈣、鎂和左旋色胺酸等證明有助於睡眠的營養補充品。
- 讓你的思緒飛散——想想日常無關緊要的瑣事，譬如你想要如何規畫壁櫥、想重新粉刷哪裡的牆壁、想種植什麼樣的花、什麼襯衫要配什麼褲子，又或是想要捐贈家裡的哪些物品……這些比數羊更有效，而且可以讓你不用思考或擔心更緊迫的問題，反正當你躺在床上時，那些難題你也完全無法處理。

- 做些簡單的事：閱讀有趣或輕鬆的書籍，（在上床睡覺前）看一些不需要用腦的電視節目，如果你是個直到最後一分鐘都在看電視的人，而且習慣躺在黑暗的房間，甚至無法改掉這種習慣，可能你覺得需要電視來放鬆，或者把電視當成小夜燈，那麼至少要確保內容不會沉重、灑狗血、太過刺激、暴力或令人不安。
- 請參閱第十六章「鎮靜力的自然療法」，了解可以幫助你冷靜下來的物品，例如櫻桃、洋甘菊、薰衣草和香蜂草提取物。
- 喝牛奶！睡前喝熱牛奶真的會讓人昏昏欲睡，它是左旋色胺酸的另一種天然來源。
- 寫日記，寫下至少三件你覺得感激的事情。
- 吃得清淡，早點吃完，在那些以睡眠為優先的夜晚，不要讓你的身體在躺著時還要消化一頓大餐。
- 避免在睡前或半夜查看電子郵件或使用社群媒體，請好好睡覺！在這些時間查看電子郵件對你毫無益處，理由如下：手機發出的光會喚醒你的大腦——即使調低亮度也一樣；當我們閱讀時，思緒就會開始轉動，大腦會認為此時要開始活動；任何問題和擔憂的情緒在半夜都會被放大；在社交媒體上觀察其他人生活中發生的所有事情對你可能有利也可能不利，取決於你自己和他們目前的情況；最後，你非常有可能看到一些令人難過或擔心的事物，或者讓你覺得需要對某個情況採取行動，卻完全無法在半夜中處理。請不要在晚上讓自己承受壓力或擔憂，無論什麼事都可以等到早上，到那時你才能真的好好處理。

- 限制酒精。少量酒精可能會使你放鬆並昏昏欲睡，但如果你喝了幾杯酒，很可能在酒精消退時醒來，大約兩個小時後。幾年前，我在一場醫學媒體頒獎晚宴上遇到了健身傳奇人物傑克・拉蘭內（Jack LaLanne），我問他健康長壽的祕訣是什麼，他告訴我：「正確飲食，多做運動。」果然不出所料，我問他有沒有喝酒，他說：「每晚只喝一杯紅酒，但絕不能超過。」我努力遵守這一點（並沒有那麼容易），當我確實做到時，我會睡得像嬰兒一樣，當我沒做到時，我的睡眠會斷斷續續，在完成一個睡眠週期（三小時為一個週期）之前醒過來，而且早上醒來時感覺沒有充分地休息。
- 關掉電視。觀看深夜電視，尤其是黑暗、令人不安、激動、過度情緒化的節目，就像數位咖啡因：讓你的大腦進入高速運轉狀態。十多年來，我在由全國廣播公司商業頻道（Consumer News and Business Channel，CNBC）和探索傳播公司（Discovery Communications）贊助的工作室主持了一個名為教育萬花筒（Education Showcase）的節目，這是一個採訪節目，我們會討論你在電視上找到的所有教育節目，公共廣播電視兒童臺（PBS Kids）的高層主管是我們其中一集的嘉賓，在我們的訪問中，他們描述了為什麼該頻道的夜間與白天節目有非常大的不同，該頻道對兒童的睡眠和覺醒週期進行了大量的研究，他們發現晚間節目需要放慢速度，減少快速移動的圖像，搭配更柔和的色彩和亮度，並且採用和緩的音樂，如此一來孩子們就不會在睡覺前受到過度刺激。實際上成年人也一樣，電視會刺激我們的大腦、感官和情感，當我們看得太晚時，我們會感到精神抖擻，而不是在通往平靜睡眠的路上漸漸放鬆。

- 運動是美妙且必要的，但接近睡前時間做運動，你會精力太過充沛而睡不著，如果你只能在晚上鍛鍊，請記得你需要幾個小時才能安定下來，然後才會想睡覺。
- 不要在傍晚過後攝取咖啡因和糖，這組合會讓你太過亢奮，讓你的身體和大腦高速運轉，如果你在下午六點吃晚餐，也許可以擺脫它們，也可能不行，端看你個人的反應，為什麼要在你需要睡個好覺的時候冒險呢？留到早上再攝取吧。
- 盡量不要在沙發上或臥室以外的房間裡睡著。當你在半夜或更早的時間醒來時（因為你不在平常舒適的床上，所以一定會提早醒來），你不得不把自己拖到床上，而且把自己拖往那裡時會更加清醒，因而浪費進入深度睡眠的時間，如果在床上睡著，這種睡眠原本可能持續數小時。
- 盡量避免在睡前發生任何衝突或爭論，或者在應該靜下來的時候進行高難度的談話。很顯然地，我們無法完全控制這一點，但大多數時候我們可以做到，只要選擇在接近就寢時間之前，處理好你可以解決的問題。

- 盡量不要在腦海中回顧明天的待辦事項，相反地，回顧一下你在當天很開心地完成的事情、你的成就等等，並且對於再次結束一個充實的一天感到心滿意足，即使你沒有完成所有事情或明天還有更多事要做，將那些寫在紙上或記錄在你的裝置上，從你的腦袋中下載下來，然後擺在一旁，因為你知道自己明天會付諸行動——明天！
- 想像未來有愉悅、充滿希望的事情發生，或者是你想要實現的好事，不要躺在那裡越想越害怕，不停思索你所擔憂的未來，無論如何，你現在也無能為力，只不過讓你保持清醒而已。
- 在你躺上床之前，試著讓自己為隔天做好準備，選擇你的衣服，準備午餐，如果你有孩子，為你的孩子準備東西，整理好文件，將汽車的油加滿（或者為汽車充電）等等，提前做好計畫，並且在上床睡覺之前盡可能完成更多準備工作。

平靜的睡眠練習

透過「燈泡時刻」練習關掉自己——這個視覺化練習很有效！首先，盡量保持最舒服的姿勢，現在想像把明亮的燈泡放在身體上，從你的腳趾開始，在你的腳上、腳後跟和腳踝以及每個腳趾上都看得見它，接下來，將更多燈泡放置在小腿、膝蓋、大腿、臀部、肚臍、胸部、背部和肩膀上，現在用你的手指、手掌、手腕、手肘和肩膀做同樣的事情，然後是你的脖子、下巴、鼻子、臉頰、眼睛、耳朵，最後是頭頂。現在慢慢地、輕柔地從腳趾開始，關掉每一盞燈泡，當你看到一盞燈變暗時，你可以感覺那個區域放鬆了，然後繼續下一個，當你進行到頭頂時，你便會入睡或是更加放鬆。

當你更加照顧自己時，就會擁有每一天所需的能量和活力，你可以調整自己的節奏，管理自己的情緒，增加幸福感，體驗更多樂觀情緒。每日的自我關懷很重要，特別是在碰到重要人生大事、重大挫敗和風暴來臨的艱困時期，也引領我們進入本書的第二部分「堅韌的鎮靜力」。

客戶的故事

「大多數時候，我醒來後都會感到胃部打結；上個星期在一場工作會議上，我甚至完全昏睡過去。告訴妳一個祕密，其實我根本早已疲乏，對自己信心全失。」身為一家全國性美妝品牌的高級副總裁凱特表示道，儘管她既聰慧又事業有成，但她每天都在為自己的信心掙扎。她在同一個團隊工作了五年，直到開設一個新部門，現在她負責一個全新的團隊，必須向新老闆回報。

長時間的工作、極少的睡眠、新的個性、新的角色和新的配額都讓凱特開始懷疑自己，工作不再是她的舒適區，她內心的批評者正在劫持她的自我對話和自尊，甚至開始影響她與同事互動的方式，而現在的凱特並不是最容易相處的人，她把自己燃燒殆盡，做任何事都無法讓她重新振作起來。

當他們公司聘請我與這個團隊一起研究人際交往能力、溝通技巧和我擅長的鎮靜力策略時，我因此認識了凱特，凱特覺得她沒有時間做這件事，因此選擇不參加任何團體會議，但她的老闆堅持要她抽出時間進行幾次一對一的私人課程，當凱特衝進為我安排好的小會議室時，她非常焦躁不安且心煩意亂。

「我們能盡快解決這件事嗎？我還有堆積如山的工作得處理。」她坦言道。

我笑著問道：「凱特，這些天妳還需要處理其他什麼事情？」

她突然間停了下來，一臉困惑地看著我，我問：「凱特，妳有照顧好自己嗎？」她坐下來盯著我瞧，然後環顧沒有窗戶的房間，開始哭泣。

凱特和我制定了一個每天保持平靜的計畫，讓她每天從最喜愛的風鈴聲中醒來，而且是用一臺音響播放，這樣手機就能在另一個房間裡充電，並且克制第一時間去看手機的衝動，凱特沒有馬上被電子郵件轟炸、瀏覽社群媒體或查看當天的負面消息，而是直接前往她擺滿了讓她平靜和快樂物品的小客廳。她提前十五分鐘起床，在寧靜和感激中開始新的一天，然後想像這一天會如她所願，以積極的方式展開。她開始安排在午餐時間或傍晚時分散步，並且在週間用花草茶代替葡萄酒。凱特打造了一個更安靜的臥室——沒有電視，只有一碗薰衣草花蕾和床頭櫃上的勵志書，她在入睡前要做的最後一件事就是回顧當天順利完成的事情而不是出錯的事情。

儘管當中的許多變化都是細微而簡單的，但是對凱特產生了深遠的影響，而且轉變了她出現在在辦公室時的形象，她感覺比較不會緊張不安，更能夠以輕鬆的方式與同事溝通。

「慶祝新團隊在第一季取得成功！」幾個月後，凱特的老闆舉起酒杯微笑說道，凱特的身邊圍繞著許多同事，他們現在感覺更像朋友一樣。一旦凱特開始改變她每天展開與結束的方式，她也開始改變她告訴自己的故事。

「現在我擁有一種幸福感，我覺得自己很好，充滿了活力，同時也很冷靜；即使有壓力，我好像也能應付自如，而且更常勇敢地說出「包在我身上」。」凱特告訴我。

自我關懷的反思

為了增進自我關懷並感受更多鎮靜力，請列出你每天可以做到的三件事：

為了恢復平靜，請列出三個你可以去的地方，或你是能創造的空間：

注釋

1 韋恩．戴爾博士（Dr. Wayne Dyer）是偉恩州立大學教育諮詢博士，紐約聖約翰大學教授，自我啟發領域的作家與演說家，享譽國際，著有超過四十本書，錄製了許多影音課程，並上過數千次電視與電台節目。

第 2 部

堅韌的鎮靜力

第4章 鎮靜力的挫折

「不要半途而廢，永遠不要放棄嘗試建立你所期望的世界，即使他人無法理解。只要專心傾聽自己的鼓，因為它會發出最甜美的聲音。」

——賽門．西奈克（Simon Sinek）[1]

那是二〇二〇年春天的紐約，我正處於美國新冠肺炎疫情爆發後最嚴重的時空，滿腦子能想到的只有生存下去——衛生紙、來沙爾消毒藥水（Lysol）、高樂氏擦拭濕紙巾（Clorox wipes）、我們的食物和藥品庫存量、保護年邁母親的安全以及努力讓一個剛拿到駕照的十六歲孩子好好待在在家裡。

很多人都在討論他們隔離期間可能會試著完成一些大事，比如寫一本書，但實際上我早已下定決心要做這件事。二〇二〇年一月十五日，我簽了本書的出版合約，那是我一生中最興奮的一天，我實現了努力十多年的目標，終於要成為一名出版作家，然而我卻無法集中注意力，二〇二〇年的春天，我寫不出任何東西，一個字都沒有……我意識到自己必須放手，於是聯繫了一位心理學家好友，進行電話諮詢和釐清現實，他幫助我獲得一些觀點，讓自己放鬆些。我不用為此自責，但必須秉持信心，一旦事情稍微穩定，靈感就會再次出現——六、七月時總算出現了轉機，我從第一次隔離中走出來，對生活中重要的事情有了全新的看法，並且對於在週遭世界陷入混亂時找到個人平靜有了新的見解，我再次了解到，唯有受到挑戰，我們才能成長地更快速。

當你被迫投降、經歷人生轉變、經歷失望或者生活中發生瘋狂或意想不到的事情時，比方說全球性的流行病，你的鎮靜力肯定會動搖；當你感到茫然和困惑時，絕對不是採取行動的好時機，因為你無法清楚地思考。全球性的流行病和戰爭可能是最極端的例子，但任何程度的個人挫折都可能隨時對我們的生活產生負面影響，然而，鎮靜力的智慧、同情和力量可以從我們人生道路上的破碎處和裂縫中湧現出來，並且建立你的韌性。

撤退是為了重振旗鼓

你應該聽過這句俗話：「跌倒後要馬上站起來」，這是幫助你堅持下去的金玉良言，但有些挫折過於重大和艱難，無法當下就不當一回事。

有時需要「先破壞再建設」，我們才能夠增強自己的韌性，使自己更強大，然後重獲新生；你可能需要先撤退，才能重振旗鼓，而知曉何時需要退後並放鬆自己是不得了的能力。**「無為」其實也是一種作為**，請讓自己好好休息、重新評估和充電。內在的力量來自於冷靜、寧靜、沉思的靜默，當你感到空虛、筋疲力竭、挫敗或充滿悲傷時，花點時間讓自己平靜下來，然後你就可以回到泉源裡，重新把你的杯子裝滿。這可能代表著整天穿著你的睡衣、吃掉半加侖的冰淇淋、趁著爬山健行時大哭一場、瘋狂地看電視節目、請幾天假或者出去換個環境，清空你的腦袋，打破負面循環；也可能是關於接受一項事實：時間真的是唯一可以治癒的方法；甚至或許意味著尋求專業人士的幫助來處理你的情緒。給自己一個撤退的時限，一旦屏住呼吸並重新開始思考，你便會進入復原模式。

復原模式（Recovery）

進入復原模式可以增加你的韌性。復原的第一個字母「R」代表**重新導正**（redirect）你的想法，讓大腦重新回到積極的方向，儘管你可能不喜歡，但是請列出生活中美好、值得感謝的事，例如你的健康、家人和朋友，每天都可以新增任何事項，早上起床和晚上睡覺時要檢視清單。

復原模式中的第一個「E」代表從另一個角度**評估**（evaluate）情況，原本情況可能更糟嗎？這個情況可能帶來什麼好處？此時有人比你的處境更悲慘嗎？你有什麼不一樣的選擇可以應對這種情況？

復原模式中的「C」代表與支持且相信你和你的能力的人**建立連結**（connect），與他們溝通。

復原模式中的「O」象徵**打開**（open），敞開你的心扉，尋找新穎且不同的選擇，問問那些相信你的人，他們看到了哪些新的可能性。「當一扇門關上了，另一扇門就會打開。」這句老生常談流傳已久，請尋找剛開啟的那扇門。

復原模式中的「V」意味著**價值**（value），無論遭遇了什麼事，你仍具有極大的價值，每個人都一樣，有些人現在依然非常重視你，只是你可能沒有察覺到。

復原模式中的下一個「E」代表**擁抱**（embrace）你現在所處的位置，當我們受到挑戰和考驗以及經歷艱難和改變時，我們的成長往往是最快的。

復原模式中的下一個「R」象徵**了解**（realize）這一切都會過去，沒有任何事情會持續到天荒地老，在未來的某一天，你會從一個完全不同的地方回顧過去。

最後，復原模式中的「Y」意味著**吶喊**（yell），在必要時發洩出來，打開窗戶，大聲尖叫，將它釋放出來，不要壓抑你的憤怒、悲傷或失望，一旦釋放出來，繼續前進就變得容易多了。

從快樂中休息一下

「什麼原因讓你認為自己應該一直保持快樂？」我親愛的朋友兼導師，心理學家湯瑪斯．納爾迪（Thomas Nardi）博士問道。

「這個不是我們應該追求的目標嗎？每個人都想要快樂吧？」我回應道。

「這樣根本不切實際，保持情緒中立也沒關係，既不快樂也不悲傷。」他回答道。這對我來說是一個轉捩點，而且其實是一種解脫，我們的社會過度強調快樂，以至於不斷追求快樂可能會讓人筋疲力盡，我們認為自己應該比現在更快樂，反而導致我們對自己失望。努力想要快樂反而讓我們不快樂！

- 不要期望一直快樂。
- 當你經歷挫折時，帶著失望、悲傷、焦慮、壓力或恐懼坐下來，充分體驗這些感覺，不要抗拒，也不用感到羞恥，不要批判自己的情緒，讓它們自然地流動。這個過程是急不來的，你不能把傷心的情緒逼得太緊。
- 狀況不好也無所謂。

- 在下一次幸福感到來之前，保持情緒中立是正常且有益的。
- 創造表達情緒的空間，觀看一部悲傷的電影、聆聽感人的音樂或看看舊照片，這些都是釋放情感的方式，讓全部的情緒獲得釋放。
- 與其他人聯繫，看看他們如何處理類似的經歷。
- 練習自我關懷，當你情緒低落時，就別讓自己更沮喪了。

克服恐懼

不要等到害怕的感覺消失。了解到，害怕就只是害怕而已，不代表你必須因此延後生活大小事，不去做你害怕的事。除非得了什麼流行病或是有什麼健康方面的障礙，不然就好好承認自己會怕，然後無所畏懼地採取行動，你做得越多，恐懼就會越少，也會越有勇氣和韌性。

舉例來說，如果你上次搞砸了那場演講或大型採訪，會擔心同樣的狀況再次發生也是人之常情，但是這一切都只存在於你的腦海中而已，你身體感受到的恐懼是來自於你的腦袋，想法創造出情緒，你當前的恐懼是由你的信念創造並維持的，如果你害怕，那可能是因為你對自己說：「我一定會失敗，如果我看起來很蠢怎麼辦？」請挑戰你的想法，沒有任何證據顯示這次你會失敗或出醜，也沒有證據表示如果你失敗了會很可怕。

解讀身體的徵兆。你在身體裡感受到的恐懼只不過是腎上腺素的流動，感到腎上腺素攀升時，請提醒自己，這是你的身體在準備行動，把這個現象視為一股能量。完全由你決定如何標示它，而標示它的方式就是你的感受。

學會說：「那又怎樣？」

我們大多數人真正擅長的一件事就是對自己苛刻，其實我們需要學會時不時地說「那又怎樣」。這不代表你不再關心重要的事情、責任或後果，只是意味著減少關心他人的想法，允許自己犯錯，畢竟人本來就不完美。「那又怎樣」的態度將為下一次敞開大門，這次事情進展不順利又如何？如果事情沒有奏效又怎麼樣？「那又怎樣」可以幫助你脫離泥淖，往前邁進，到時候事情也許（而且很可能）會變得更好。

不同的視角

在我的職涯中，我似乎總是透過後門、窗戶或屋頂上的一個洞找到自己的路，或是在試過傳統路線但失敗後，我常會莫名其妙開啟另一扇門，我發現最成功的幾位客戶也是如此。

你不過只是試試看讓某事發生卻沒有成功，不表示一切都結束了，任何事永遠都不只有一種正確方法。從不同的角度來看待事情，意味著你必須更努力改變觀點，不輕言放棄，有時，宇宙會在你面前豎立一道磚牆，觀察你到底有多想要某樣東西，有些人會因為遇到障礙而氣餒，有些人會因為繞過或跨越阻礙而興奮不已，你可以選擇自己要怎麼反應。畢竟我們不太重視輕而易舉的事情，只要能從不同的角度應對挑戰，就越有可能建立韌性。

實行 P-R-R

在挫折之後，你可以實行 P-R-R（Personal responsibility resuscitation.）：個人責任復甦，問問你自己：

- 我該怎麼做才能重新振作？
- 我會就此屈服，還是讓自己壯大？
- 下次我能採取什麼不同的作為？
- 我可以做好什麼準備來迎接下一次？
- 我現在可以採取哪些簡易的做法？
- 我要如何對這個局勢擁有更多控制？
- 我可以從哪些其他角度或觀點來解決這個問題？

- 我學到了什麼？我需要學習什麼以及在哪裡可以學習？
- 我從自己的經驗中學到了什麼可以幫助他人？
- 經歷此事之後，我如何變得更強大？

減少自我關注——轉向志願服務

在第二章「鎮靜力的絆腳石」中，我們談到了過度的自我意識和如何減少關注自己，參與志願服務可以幫助我們擺脫自怨自艾。許多研究顯示，無論社會經濟地位如何，志願服務都能讓我們更加健康快樂。

當我們把注意力從自己的煩惱和問題上移開時，就會疏通本身堵塞的泥濘池塘，讓乾淨的水再次流淌。志願服務還可以提醒我們自己是廣闊世界的一部分，我們相互建立關係，分享彼此的故事，還能找到彼此的共通點，令人安心，當你在那裡提供幫助和服務時，就好像在度假一樣，把煩惱都拋在九霄雲外。

更美好的事物

我們可以為自己的想法和行為做好準備、計畫和全權負責，但是我們的生活還是會遭遇挫敗。或許是因為大家習慣了「吃碗內，看碗外」，被解雇或資遣後，總要等到之後找到一份更快樂的工作才懂得心存感激；與愛人或配偶分手時猶如世界末日，非要等到日後遇見真正的靈魂伴侶才能平撫。

我丈夫和我原本一心想買的房子在最後一刻告吹了，後來住進了現在的房子——我們更愛這棟房子，因為這裡離家人和朋友更近，而且有很棒的街坊鄰居。我們剛開始組建家庭時遭受了令人心力交瘁的不孕症，每次受孕失敗都撕心裂肺，好不容易，我們終於有幸迎來我們的兒子，他命中注定要來到這個家庭，以前任何卵子和精子的組合都不會創造出如今的他。

也許，你過往或現在正在經歷的挫折，實際上是要你為更美好的事情做好準備，這種可能性現在一直存在於我的腦海中。

想著：「這不過是糟糕的一天罷了。」

好吧，所以你今天情緒低落，諸事不順，心情奇差無比，但不確定為什麼，如果放縱一會兒感覺應該不錯。此時是重要的自我關懷關鍵：**不要與之抗爭，不要試圖為此找理由，不要自責，只要活在當下，不愉快的情況終會過去。**

如果願意的話，現在是撤退的好時機，盡可能給予自己一些獨處時間，有時只要閉門休息十分鐘就能讓一切變得不同。如果這種負面情緒揮之不去，讓你快受不了時，以下有一些可以幫助你擺脫情緒的訣竅：

- 播放你最喜歡的歌曲，你知道的，就是最能代表你的那首歌，每次聽到它都會觸動你的心弦。
- 打電話給一位老朋友，他會聽你抱怨一會兒，然後說些愚蠢或諷刺的話來幫助你放過自己。
- 至少列出一生中要感謝的五件事，健康？安穩的家？寵物？一頓大餐？年長的親人依然健在？好鄰居或好朋友？孩子、配偶、家人？自由？一旦付諸行動，你會訝異於自己居然隨便就能找出五個以上。
- 提醒自己，你對事物的感受是一種選擇，你可以選擇對事物產生的反應，你可以選擇如何看待事物，也可以選擇要不要快樂地過生活。
- 從事動態活動，去散步或跑步，在你最喜歡的商店裡閒逛一會兒，去兜風（聽點嗨歌）或為別人做些好事。
- 玩樂，做任何讓你反璞歸真的事，盪鞦韆、玩井字遊戲、打電動、和孩子玩棋盤遊戲、玩捉迷藏。
- 放聲大笑，播放你最愛的喜劇、收看有線或衛星廣播的喜劇頻道，或者造訪一個笑話網站。笑聲可以對你的身心健康產生正面的影響，因此絕對可以在糟糕透頂的一天幫助到你！

- 寵愛自己，洗個澡、按摩或臉部保養，度過一個心理健康日，或者只是在椅子上躺一會兒。有時你必須休息，你才能再次充滿活力。在最糟糕的一天給予自己任何程度的靜養，讓你有機會充電並恢復鎮靜力。

充分接受今天是一個休息日，了解明天將會有一個嶄新的開始。

道別

我的一位客戶有表現焦慮，非常害怕公開演講，搞了半天，我發現多年前她曾經歷過一次慘痛的經驗。在競爭激烈的國際表演賽事中，她講話嚴重口吃，那種尷尬和羞愧無所遁形，而且觀眾和其他選手在臺上和活動結束後都大肆嘲笑和羞辱她。她覺得自己慘遭前所未有的挫敗，還覺得國家會以她為恥。

不久後，她移居美國，閃避任何公開場合，但是這段經歷一直如影隨形地跟著她長達二十五年，一遍又一遍地重播著。她來找我是因為她有機會再次出現在全國性的電視節目上，她想做足準備，所以跟我敲定了一次指導課程。

當我讓她站在鏡頭前進行媒體訓練時，每當她想說話，恐懼就會讓她閉口不語，在最初的幾次課程中，我想盡所有辦法幫助她放鬆，在她終於告訴我她的故事後，我得出一個結論：她有心理障礙，此時我的目標是幫助這位客戶了解她再也不是很久以前自己腦海中看見的那個人，她現在是一個成年人，擁有豐富的生活經驗、強烈的自我認知和成熟的情感，她必須向從前的那個年輕女孩說再見。

她的功課是想像過去那場活動，在腦海中回到過去，找到那個年輕女孩，看著她的眼睛並口頭告別，她日以繼夜地練習了一個星期，等到下次課程便出現了顯著的差異，雖然還沒有徹底改頭換面，但已取得長足的進步，因為她致力於想像和冥想，讓這個告別盡可能成真。這個小女孩已經伴隨她這麼久，得花點時間才能把這個喧賓奪主的角色趕出腦海，直到驅逐通知終於發出了響亮且清晰的聲音。

這位客戶的經歷讓我想起了大學時的一段艱難時期，當時父母賣掉我童年時居住的房子，搬到了新罕布夏州，我以為自己很獨立成熟，但我似乎無法擺脫失落的感受，當時有位心理學老師告訴我道別的技巧，他建議我把車子停在老房子前面，然後下車與它說再見，當下我覺得很奇怪，但即便我覺得很蠢，我還是照著做了，我付諸了行動。我可以告訴你，這的確產生了顯著的不同。

你的心中有哪些包袱？你讓哪些挫折在潛意識中扎根？不要讓它們像太空垃圾一樣飄浮在你內心的宇宙，將它們召喚過來，對它們大聲地說：「永別了！」

放下過去需要勇氣，與過去的我們道別並成為我們應該成為的人都需要勇氣，所以我們將進入下一章：「勇敢的鎮靜力」。

在挫折中找到你的冷靜

當你遇到挫折時，可以藉由下列幾種方式找到你的冷靜：

- 撤退：退後一步，重整一下，放鬆自己。
- 不用為了變得快樂而製造壓力，維持中立的情緒也可以。
- 偶爾採取「那又如何」的態度，可以稍微減輕在你肩上的重擔。
- 放下過去的壓力。

透過以下的方法，在挫折中找到自信：

- 進入復原模式：重新導向、評估、連結、敞開心扉、傳達你的需求、重視自己、擁抱你所在的位置、了解這一切都會過去、必要時大叫幾聲也可以。
- 採用不同的做法，大膽嘗試新的方法。
- 克服你的恐懼，當你直接面對恐懼時，自信總是會油然而生。
- 接受挫折和挑戰會建立韌性和堅強。

鎮靜力挫折的反思

列出能夠讓你暫離，好好充電的三種方式：

列出進入 R-E-V-O-C-E-R-Y 復原模式的三種途徑：

列出可以應付挑戰的三種不同辦法：

注釋

1 賽門・西奈克（Simon Sinek）是一名激勵演說家兼暢銷作家，他致力於運用「黃金圈」（The Golden Circle）法則教導領導者和組織如何激勵人們。他在TED的演講有近四千萬人次點閱，是史上前三大受歡迎的影片。

第 5 章 勇敢的鎮靜力

「人生要勇於冒險，否則將一無所獲。」

——海倫・凱勒（Helen Keller）[1]

在紐約市的某個週末，我曾經主導一個電視主持人交流活動，這是一個為期兩天的培訓計畫，主要是針對有抱負的影視人才，這些人對自己想推廣和主持的新電視節目都很有想法。

整個週末我都在協助他們充實自己的想法，建立他們在鏡頭前的信心，到最後一天，他們將在鏡頭前表演，而選角導演和經紀人則會在大電視螢幕上觀看他們的表現。

安柏是位愛狗人士，曾經在維吉尼亞州一家繁忙的動物收容所工作，她是第一次來紐約獨自旅行，說話輕聲細語，但在團體中頗受歡迎，她對於參加這項活動感到很不自在，安柏的節目理念是關注全國各地那些無法被收養，到頭來必須被安樂死的老狗，當安柏談到拯救這些狗時，可以立刻看見她令人敬佩的性格，她完全安靜不下來，滿腔熱血，因為她必須替無法為自己說話的動物辯護，然而除此之外，坐在現任美國小姐和CNN法律節目撰稿人的中間，安柏顯得既害羞又不知所措，當經紀人和選角導演團隊在最後一天進入房間時，安柏的臉上露出了驚慌的神色，接著跑出了房間。

我中途離開房間，在走廊上發現了安柏，她眼裡滿是淚水。

「安柏，妳還好嗎？」我詢問道。她回答：「我辦不到！我無法站在評審團面前說話，我的心臟跳得好快！」

「那妳為什麼要來這裡？妳想當電視明星嗎？」我問道。

「為什麼這麼問？當然不是啊，我只是想幫助這些狗狗，我無法忍受這些可愛的狗在那等死，甚至根本沒人知道牠們的故事。牠們需要一個家。」她回答道。

「那麼只要專注於這個部分。」我建議道，「當妳回到房間，輪到妳在鏡頭前的時候，忘掉評審團或房間裡的任何人，想像自己已經在直播、主持節目，並且與想要領養和拯救這些狗的人進行對話，告訴他們這些狗狗的奇妙個性以及牠們為什麼是重要的家庭成員。」

安柏重新進入房間執行任務，她堅定的表情以及凝聚出來的熱情活力，實在令人讚嘆不已，你可以看到其他所有參與者都在支持她。她表現得很好，演講強而有力且激勵人心，感染力十足，令我不禁認為那天房間裡的每個人在那一刻都會領養一隻狗，安柏在她的目標中找到了自己的勇氣和熱情。

適應不自在會建立你的勇氣

嘗試新事物所產生的不適感往往可以增加勇敢的鎮靜力，雖然乍聽之下很不合理。勇氣並非將恐懼排除在外，而是在恐懼面前採取的行動，讓自己的渴望超越恐懼，如此就能翻轉頹勢。當你感到不自在時，學會取得更多鎮靜力並擴大你對自己的看法和能力，可以實實在在地改變你的世界。在實現目標的過程中，同時學會適應不自在的感覺，這麼做會很有幫助。

執行任務時的鎮靜力

執行任務的人有目標、方向、計畫和焦點，每個人都喜歡仰賴目標明確、充滿熱情、有決心和使命感的人，如果我們將自己在地球上的時間視為在執行一項任務或遵循使命，那麼人生就會像是一場勇敢的冒險。

許多人像行屍走肉一樣可悲，虛度人生，或是純粹覺得自己沒有特定的人生使命，但我見過最快樂的人，都將自己的生活、工作或家庭視為任務或使命。

也許你的使命是培養出色的孩子，他們將會為我們的世界做出偉大的貢獻，並且幫助到其他人；搞不好你的使命是協助他人享受他們的工作；也或許你的使命是運用你的技能以某種方式賦予他人力量。

無論你在做什麼，如果開始將其視為自己的使命或任務，那麼奇妙的變化就會降臨在你身上。將目標視為你的任務和使命，你就會以截然不同的方式追求它。當我為正在經歷「冒牌者症候群」的人提供諮詢時，我對他們說的第一件事就是「或許你找到了自己的使命」，當他們想到這種可能性時，臉上的表情馬上就不一樣了。

每位專家都曾經是初學者，每個偉大的藝術家、發明家或哲學家都是從頭開始學習，基於某種原因，我們被賜予了對某事充滿熱情的種子，如果我們不勇敢地克服恐懼、懷疑、成長之苦、冒牌症候群，這些種子永遠都不會生長，如此不僅讓我們感到難過，對於原本可以因我們而受益的世界來說，也會很可惜。人生要勇於冒險，否則將一無所獲。

偉大使命的鎮靜力

當你感到恐懼時，請自問：「我來到這世上的使命是什麼？」你的目標是完全為自己著想，還是可以為他人帶來價值？有沒有一種方法可以檢視你的目標，讓你能夠預見你正在為他人服務？當我們試圖克服恐懼時，了解我們的初衷比我們本身更偉大，可以幫助我們跳脫原本的困境。你是否在幫助無法為自己發聲或沒有管道申訴的人？也許你正在教導、告知、啟發甚至娛樂他人，這些東西都可以滿足他人的需求，豐富他們的生活。當你感到恐懼、壓力或焦慮時，試著把注意力從自己身上移開，專注於你止在努力實現的成果。

獨特的鎮靜力

世上沒有任何人會跟你一模一樣，更神奇的是，我們每個人都有自己的一組指紋，是證明你獨一無二的專屬個人代碼，意味著當你的手接觸到這個生命時，其他人從來沒有這樣做過。

你所做的每一件事都以你自己的個人能量為標誌，即使別人曾經做過那件事，但是從來沒有按照你的方式做過，這是你獨特的生命力量，任何人都不能再以同樣的方式去做。一直以來我對學生和客戶都這麼說：在工作面試、表演和所有日常交流中，為你所做的一切印上你的個人標誌。

馬蓋先的鎮靜力

馬蓋先是一九八〇年代後期到一九九〇年代初期流行的冒險電視節目，主角安格斯．馬蓋先（Angus MacGyver）既是特務又是雜工，也是瘋狂的科學家，他可以用隨處可見的日常物品找出解決方法，城市詞典（Urban Dictionary）對馬蓋先的定義是「可以用仙人掌發動卡車的人」。我的父親就像馬蓋先一樣，他教我用噴槍塑造玻璃、製作金屬雕塑、搭建甲板、更換輪胎以及發射〇．三五七麥格農手槍（.357 magnum），我們一起為科學課製作了一個手提箱大小的立體房屋剖面模型，以展示牆壁的層次——石膏板、絕緣材料和三夾板，七年級的男生都覺得我很厲害。

我的父親教我如何即興創作，並且運用我手邊有的任何東西快速地解決問題。當你覺得自己能解決問題時，就會對自己的能力產生自信，並且先接受一切，然後再想辦法解決問題。

感謝爸爸的訓練，在我的一生和職涯中，我多次成功做到這一點，幫助處於困境中的朋友，並挺身而出完成任務。當我決定要自己創業時，每次有人問「妳可以做面試技巧培訓嗎？包括讀稿訓練、媒體採訪訓練或演講訓練？」，我都會說「當然可以」，然後我會去找出自己需要學習的額外知識，或者找到我需要的資源來完成培訓，以滿足客戶的需求。當你必須兌現自己的承諾時，你能學到的東西以及學習速度都會超乎想像。

相信你自己可以用你的大腦、你的經驗和你的聰明才智來解決問題，這是你能夠給予自己的禮物，它原本是父親送給我的禮物，現在我正將它傳承給我的兒子。

冒牌者症候群

當我的許多客戶受邀在某個活動或會議擔任演講者，或被邀請在電視上擔任客座專家或撰稿人時，他們都覺得自己是冒牌者，通常他們腦海中閃過的第一個想法是：肯定有人比我更了解這個話題！或者，當他們第一次成為演員、電視或影片主持人時，都會暗中擔心僱用他們的人看走眼，而且很快就會發現他們其實沒那麼優秀。

每個產業的表演者、作家、運動員、名人和專業人士都會在某個時候經歷冒牌者症候群。當然，這個世界上可能還有其他知識淵博、經驗豐富、才華洋溢的人，但如果你得到一份工作機會，被要求分享自己的專業意見，或是與觀眾分享你的知識——我的朋友啊，這時候的你就是專家，此時正是你需要展開勇敢自我對話的時刻。

告訴自己，你已經很棒了，別人肯定認為你屬於那裡，所以你才會被邀請來發言，也許你從小就不會自吹自擂，可能你只是謙虛，但如果有人把你視為專家，你必須勇敢地承擔這個角色。矮化你自己、你的知識和你的成就對任何人都沒有幫助，分享你所學的知識和成就，才能真的幫到別人。

請成為你所在領域、社群和宇宙某部分的專家，其他專家並沒有受邀參加同一個聚會吧，你會為了只想吃世上最偉大的廚師所做出的料理而拒絕吃飯嗎？聽起來真的很傻吧？因此，勇敢地擁抱你的專業知識，相信自己具備一些可以貢獻的獨特之處，而且在其他地方都找不到。

改變的鎮靜力

生活中我們免不了得勇敢面對的事情之一就是「改變」，人生就是不斷變化，但我們經常害怕改變，因為這會讓我們感到不舒服，於是我們一成不變，堅持於「事情應該如何」或「它們以前都是如何」，我們不願冒險，而且固執得超乎想像。

恐懼變化使我們無法勇敢地生活，沒有改變就不可能成長，它們被稱為「成長之痛」是有原因的，它們會產生不適感，甚至傷到我們，如果不改變，我們就無法成為更好或更強大的人，也不會在任何方面有所長進。因此，**與其尋找避免改變的方法，不如養成歡迎改變、期待改變甚至刻意改變的習慣**，我們就能實現勇敢地且冷靜地生活的目標。勇敢的鎮靜力跟篤定的事或確定性無關，而是關乎相信自己可以處理眼前發生的任何事。這不是絕對的鎮靜力，而是剛剛好的鎮靜力，這種鎮靜力才是你真正需要的。

獨處的鎮靜力

當我辭去全職工作、展開自己的事業時，我感到有些緊張，不僅因為我希望自己能夠獨當一面，也因為有時我會覺得獨處很不自在。以前我常和一群人一起工作，午餐時間會有人一起說說笑笑，還有讓我很有歸屬感的團體；然而當我單打獨鬥時，我覺得自己很赤裸，我硬著頭皮去習慣一個人拜訪客戶，一個人旅行，一個人用餐，而旁邊都是成對或成群的人們。起初，我感到非常尷尬，不過當我經歷得越多，這些事對我來說就越輕鬆，現在我可以一個人到全國各地甚至到國外旅行，而且我肯定自己不管到哪都能夠如魚得水。

對於不常獨自冒險的人來說，一想到要這麼做就會讓他們不安。無論你喜不喜歡，在某些時候，你都可能會需要獨自完成某事，沒有家人、沒有孩子、沒有朋友或同事，所以要提前實驗一下，以後遇到這種情況時，就不會那麼失落。

請試試看一個人在小餐館、咖啡店或餐廳吃飯吧，即便這會讓你有些膽怯。先從吧檯開始，坐吧檯的人大多都是獨自一人，所以有人可以陪你，你還可以試著與周遭其他人對話，馬上詢問服務人員的名字，或是看他們名牌上的名字來稱呼他們，跟服務人員或老闆建立融洽的關係，都會讓你立刻變得自在一些舒適一些，因此請努力培養閒聊的天賦和對他人的興趣。

拓展勇敢的鎮靜力需要時間，但我們可以一天進步一點。經過很長一段時間，人類已經找到創造器具的方法，幫助他們完成繁重工作，實現他們過去無法辦到的事情，還能比以前更快收效。建立你的勇氣也是同樣的原理，你可以使用一些工具來幫助自己找到勇敢的鎮靜力，特別是在壓力大、充滿挑戰的時期，你可能會發現自己處於惶惶不安的狀況。因此，下一章我們要探討：「鎮靜力的工具」。

勇敢可以提高你的鎮靜力，因為：

- 學會適應讓自己不舒服的事情。
- 接受並擁抱挑戰。

勇敢的鎮靜力可以提高你的信心是因為：

- 明瞭自己不需要百分之百的信心，你只需要有一點自信就能採取行動。
- 學會自力更生，當你獨自一人的時候，請相信自己。
- 擁抱你的獨特性。
- 給予自己使命感。

勇敢鎮靜力的反思

列出即使你害怕也可以採取行動的三件事情：

列出你感到不舒服但願意適應的三件事情：

列出你能貢獻的三個獨特之處：

列出因為改變而發生的三件好事：

列出可能屬於你的三個任務或使命：

列出讓你在獨處時感到冷靜且自信的三種方式：

注釋

1 海倫．凱勒（Helen Keller）出生在美國南部的阿拉巴馬州，當她十九個月大時，在一場大病中失去了視力和聽力。在她七歲時，安．蘇利文（Anne Sullivan）老師來到她的生命，幫助她克服了失明與失聰的障礙。後來她以驚人的毅力完成了哈佛大學的學業，成為有史以來第一個獲得文學學士學位的聾盲人士。

第 6 章 鎮靜力的工具

「我們打造出工具，然後工具再回過頭來形塑我們。」

——約翰・庫爾金（John M. Culkin）

綜觀歷史，工具能夠讓人類做事更加順當，可以增加我們的力量，協助我們整合，支援創造，保持對事物的敏銳，甚至會讓我們看得更清楚。

無論多麼冷靜自信，我們都會經歷威脅到鎮靜力的心驚時刻。我們需要一些工具來幫我們堅定自己的內心，作為我們創造理想生活的後盾。培養韌性能夠幫助我們對事物有更清晰的見解。

你可以創造自己的鎮靜力工具，把它像錦囊妙計那樣保存起來，以便在你惶惶不安時拿出來用，不管是有形的還是心理上的工具，都可以幫助你保持鎮定、激勵你，讓你做好準備、改變你的觀點並讓你憶起自己的價值，這些工具可以幫你恢復個人魅力、駕馭內心的批評者、戰勝你的懷疑和恐懼。

以下是我會提供給客戶和我自己運用的一些工具，可能不是每一個對你來說都合用，不過請都試試看，隨時調整，以滿足你的需求或激發你創造自己的工具。

鎮靜力的信用卡

鎮靜力就像現金，不是隨時需要都會有，那麼，當你缺錢時——也就是當你落入提心吊膽的情況時，你會怎麼做？刷爆你的信用卡吧。你可以打造一張鎮靜力「信用卡」以隨身攜帶，在卡片上寫下你從他人身上得到的肯定、成功、甚至正面評價，這些都能提醒你自己想要什麼以及你想去的目的地。

- 列出你的強項清單——就你所知自己擅長的事。
- 寫下你的感恩清單。
- 寫下目標和夢想，讓它們隨時清晰可見。
- 層層堆疊你的卡片，讓它感覺像一張真正的信用卡，厚實且實在，這樣可以讓它在你的錢包中待久一點。
- 未雨綢繆，持續使用你的鎮靜力信用卡，即使你認為不需要——快速地翻閱來獲取額外的能量加持。

- 請記住，關鍵在於**重複**，你需要不斷重複鎮靜力的訊息，來取代大腦中舊有的負面紀錄。
- 每當有新的成功就更新你的卡片。
- 這是你想要建立的那種信用——它會使你成長，而且可以獲得回饋。

這張鎮靜力信用卡恰好也是一張信譽卡。與我配合的許多人都患有冒牌者症候群，儘管他們從事同樣的工作已有很長一段時間，卻仍然不覺得自己是某領域的專家或達人，他們覺得過往的成功是出於僥倖，又或是看輕自己的專業程度，很多時候他們甚至忘記自己其實這些年來奉獻了多少。

我的一位客戶多年來一直是位成功的電視臺主管，就連她也苦於這種想法，當我第一次告訴她創造自己的鎮靜力信用卡時，她想不太出來有什麼可以放在上面——直到我給她一個任務，讓她在紙上腦力激盪，寫下她在工作和私人生活中的所有成就，任何事情都可以，沒有什麼事是不足掛齒或微不足道的，最終，她寫了滿滿五頁——她簡直不敢相信自己的眼睛！

當我檢視這份清單時，我感到非常詫異，她列出的許多小事或微不足道的東西，任何人看了都會覺得驚艷，從滿滿的五頁紙中，我們能夠想出三張不同的鎮靜力信用卡，這些卡適用於她工作和生活中的不同挑戰。時至今日，她還是把它們都放在錢包裡，還讓她創造出一份驚人的履歷。

鎮靜力的呼吸

當你處於提心吊膽、焦慮不安的狀態時，呼吸會變得又短又淺，恢復平靜的首要之務就是控制呼吸。可能已經有人跟你說過，當你感到壓力時，最好要「深呼吸」，雖然這是一個好建議，但是請記住，讓你感到冷靜且有掌控力的不是吸氣，而是提供解脫和放鬆的吐氣。

◉正念呼吸

閉上眼睛，吸氣四秒，維持在一個節奏上，然後慢慢呼氣，數八秒，把注意力放在呼吸上，然後對自己覆誦：「我吸入冷靜和自信，吐出壓力和焦慮。」用這樣的咒語進行正念呼吸，有助於幫你掌握自己的呼吸，收攝心智，不留任何空間給消極的想法，當你吐氣時，甚至可以想像你的擔憂、恐懼、負面想法和影像隨著吐出的氣被釋放掉，以及任何你想要從身體和腦袋中驅離的其他東西。

◉成為腹式呼吸者

我與數位健康電視臺蓋亞（Gaia）的人員最近進行一次演講者培訓的訪問中，著名的瑜珈修行者阿什莉·薩金特（Ashleigh Sergeant）分享了她控制腎上腺素戰或逃反應的首要祕訣，在這種情況下許多人會感到壓力，「大多數人在承受壓力時會從胸口呼吸，腎上腺素也會確保呼他們按兵不動，但有意識緩慢地進行深呼吸並擴張腹部，有助於取回這種控制權，使身心獲得平靜。」薩金特描述道。

站立、坐著或躺下時都可以進行腹式呼吸，緩慢且深度地吸氣，將氣息集中到腹部，然後慢慢地把氣吐乾淨，直到肚子被清空。

我發現有個方法能夠有效地觀察和感覺自己是否正在做腹式呼吸，那就是躺在一個舒適的表面上，把一個物體放在你的肚臍上——一個不會滑落或滾落的東西，比如一本書或一個填充玩偶，當你緩慢且深度地吸氣和吐氣時，該物體會上升和下降。只要練習這個動作幾分鐘，就能給你帶來一些鎮靜力。

啟發鎮靜力的工具

啦啦隊、教練、粉絲、導師和偉大的勵志演說家存在於這個世界上是有原因的，即使是最優秀的運動員、領導者和藝術家也需要鼓舞，他們需要進入最佳狀態，充滿亢奮的活力，讓他們的創造力源源不斷地湧現，而且需要別人把他們推得比自己想像的更遠，發現自己處於不穩定狀態時，他們會向教練尋求支持和指導。我們所有人都一樣，我們都明瞭，當有人相信我們時，我們會更加努力；當我們相信自己時，我們會取得更多成就；當我們有朋友的支持時，我們可以走得更遠，並且克服障礙。

你可以創造自己專屬的個人加油區，讓你自己的教練團隊每天圍繞在你身邊，來激發對自己和目標的鎮靜力，你也可以讓自己成為最好的教練——而且是獨一無二的！我鼓勵大家採用下列的方法：

- 收集鼓舞人心的名言，將它們印出來並張貼在冰箱、公告欄或儀表板上，還有電腦螢幕保護程式和手機上。
- 與其在汽車或 iPod 上聽音樂或新聞，不如下載能使你振奮，讓你進入正向心態，或者教你實現目標或學習新技能的有聲書。在會議、演講、採訪或新挑戰之前，將正面的激勵訊息輸入你的腦袋可以對結果產生截然不同的影響。
- 你的潛意識就像一塊海綿，它喜歡儲存你一遍又一遍餵給它的內容，我們很擅長用消極的想法來進行這件事，但反之亦然，你需要不停地收集對自己的肯定，把負面思維趕出腦海。我會在行事曆上排定每日的自我肯定時間，這是我每天早上的第一件事，下午會再次從我的手機上跳出來激勵並提醒我。

- 隨身攜帶一本正向思考的書，無論是紙本書，還是下載到手機或任何裝置上的書，當你被困在某個地方等待時，或是不得不在某個地方獨自吃飯或獨自旅行，請閱讀或聆聽那些令人振奮、鼓舞人心的書籍。
- 準備一個檔案夾保存稱讚的紙條和信件，收藏你收到的任何紙條、信件、電子郵件、正面評價、感謝卡、賀卡和情書，當你需要一點鼓勵時，請察看這份檔案——你會驚訝於自己曾經感動了這麼多人。
- 訂閱充滿鼓舞人心的故事、訣竅和資源的正面雜誌和新聞，以幫助你實現目標。

鎮靜力儀式

在第一章「鎮靜力的強心針」中，我們談到了檢查你的鎮靜力狀態，以及如何使自己恢復到感覺冷靜且自信的狀態，而鎮靜力儀式是表演者用來讓他們進入這種狀態的工具，使他們處於最佳狀態並準備發光發熱，當你的心跳加快且異常緊張時，這些儀式特別有用。

美國公共廣播電視臺美國大師系列紀錄片《強尼·卡森：深夜之王》（*Johnny Carson: King of Late Night*）透露，這位深夜脫口秀主持人在每場演出之前都有個夜間儀式：他會在幕後踱步，像是在等待一個嬰兒出生似的。他需要做到這一點，才能從簾幕的縫隙中出現並開始他的獨白，否則沒辦法踏入聚光燈之下。我指導的一位熱門新聞主播在每個現場直播之前都會進入洗手間，單膝跪下，然後迅速祈禱，以進入她所謂的穩定狀態。我曾經多次指導的一位專業演講家會冥想三十秒，同時一直拍打她的肚子，她表示這樣讓她的身心得以連結並且活在當下。這裡列舉一些許多客戶會使用的其他儀式：

- 抬頭挺胸。一個強大的直立姿勢會讓你感覺更有力量，在別人眼中也會顯得更有力量，姿勢是我們給予其他人的第一個外在形象，會呈現出我們對自己的感覺。
- 腳跟著地，將雙腳牢牢地放在地面，體重平均分布在每隻腳上，讓自己取得平衡，把你的腳想像成撐起一棵巨大且結實的橡樹的根部，讓它可以承受所有的風、雨和雷聲，如此將幫助你感覺更加腳踏實地。
- 「相信自己」是我一輩子都在提醒自己的信念，對你自己反覆地說「我相信自己」。
- 提醒自己曾經有幾次，雖然你感到不確定，但不知何故，你想到了辦法，而且順利地度過難關。
- 想像你上一次處於鎮靜力狀態的時候，閉上眼睛，體會你在最佳狀態時的感受，在你的腦海中一遍又一遍地重播這個記憶。
- 專注於為什麼，為何在這種情況下你需要或想要擁有鎮靜力？你渴望的結果是什麼以及為什麼對你很重要？結果是否比那一點不不自在更加重要呢？如果是，那麼專注於結果並執行你必須做的事情，才能從內心深處拉出一些鎮靜力，如果它以前存在過，只要你對自己索求，它仍然會在那裡。

- 不要讓別人催促你或讓你心慌，你需要能夠準確地思考，並且只有在你做好準備時才做出決定和選擇，如果有人試圖逼迫你做某件事，藉由說明你需要更多時間來思索，告訴他們你不會急於做出決定。
- 當你惶惶不安時，堅守你的立場！

因為我們討論的是當我們感到焦慮和壓力時有益於我們的儀式，所以我想要在這裡簡短地談談強迫症（obsessive-compulsive disorder, OCD）。我發現強迫症是一種常見的失序（disorder），但在現實中卻會產生很多秩序（order），我有輕度強迫症，很多客戶也有，經歷焦慮的人可能也有某種程度的強迫症，其他沒有強迫症的人很難理解我們的思維過程，但我敢說，你認識的朋友或親人裡絕對有人患有強迫症。

強迫症實際上可以成為一種資產，因為你可以使用儀式和重複的肯定來取得優勢，當我想記住正在研讀的東西、演講的重點、名字或統計數據時，我會使用強迫症「技巧」來幫助自己，強迫症使丹佐華盛頓（Denzel Washington）在電影《私刑教育》（*The Equalizer*）中成為一個厲害的狠角色，因為他詳細地計畫和組織他的正義策略。我選擇將我的強迫症視為一種資產，而非負面特質，這樣做象徵著它對我有用，而不是對我不利，如今我把它當成鎮靜力的工具之一。這是另一個很好的例子，說明你如何看待自己和你的個人獨特性會影響你的冷靜和自信，無論是好是壞。

鎮靜力的規則

你會規定自己在何種情況下才能擁有鎮靜力嗎？我賭你會——而且我甚至敢說你對此全然不知。我們經常以失敗和懷疑自居，因為我們在自己的腦海中創造了不存在但對我們來說非常真實的負面規則，當我們對自己感到飄移不定時，這些負面規則就會真的發揮作用，以下是一些常見的負面規則：

- 只有當我呈現某種樣子時，我才能擁有鎮靜力。
- 只有當我被愛時，我才能擁有鎮靜力。
- 只有在我認識的人身邊時，我才能擁有鎮靜力。
- 當我喝酒時，我才擁有鎮靜力。
- 我要抽菸才能擁有鎮靜力。
- 一旦我擁有更多的錢，我就能擁有鎮靜力。
- 一旦我獲得學位，我就可以擁有鎮靜力。

- 我獲得升遷或工作後才能擁有鎮靜力。

對於鎮靜力的個人制約是否令你裹足不前？想想那些制約是什麼，現在詢問自己，它們對你有害還是有益？你認為自己必須滿足什麼標準才能擁有鎮靜力？寫下你的答案，然後問自己：

- 這些規則聽起來合乎邏輯嗎？
- 這些規則是不是其他人灌輸給你的？
- 你的家人或朋友有沒有把這些規則傳遞給你？
- 你是否按照別人的規則來取得鎮靜力？

請了解你獲得鎮靜力的先決條件可能只是你拖延或找藉口的方式，這樣你就不必冒險把自己暴露在外面的世界。

走出舒適區會令人感到不舒服，然而這是成長和進步的唯一途徑，如果你沒有感到不適，你可能不會成長或有所長進，明白你會感到不舒服，然後努力克服，總有一天會苦盡甘來。

允許自己創造一些全新的正面規則來賦予你力量，接著慢慢地測試它們，每天做一些小事來打破一些舊規則，剛開始一次添加一點點新規則，這裡有一些範例：

- 我可以擁有鎮靜力，因為我是獨一無二的。

- 我可以擁有鎮靜力，因為我懂得關愛他人。
- 我可以擁有鎮靜力，因為我的用意是良善的。
- 我可以擁有鎮靜力，因為我已經走到了這一步。
- 我可以擁有鎮靜力，因為我努力做到最好。
- 我可以擁有鎮靜力，因為我和其他人一樣有資格擁有它。

注意改變一些舊有的負面規則後會發生什麼事，世界停止運轉了嗎？出現混亂了嗎？你會因為尷尬而死嗎？上述的一切可能都不會發生，但你的世界可能會變得更好。

惶惶不安時的自我控制

談到鎮靜力時，自我控制是一個關鍵，能夠讓你擁有較高的自尊與自信，但假如你無法控制自己的情緒、行為和反應，那麼當你走出舒適區時，即使成功並非不可能，但整個過程會變得更加困難。

紀律、堅持、個人高標準、正直、尊重自己和尊重他人都會決定你的鎮靜力是否建立在穩固的基礎上。請記得，貪圖一時享樂很少會有好的結果，草率行事通常都無法持之以恆。

要控制情緒和思想，其中一部分就是要學習對人們和情況作出回應，而不是直覺反應，兩者乍聽之下很相似，但是又截然不同。做反應通常會很快，可能是一種下意識的反應，一種潛意識、原始的衝動。然而，當你回應時，你會選擇如何處理你的反應。對於要如何進行做出明確、深思熟慮的選擇，在脫口而出之前思考清楚，可以避免先入為主且妄下結論，有助於你冷靜地提出問題並收集更多資訊，以便針對如何完善地應對一個人或一個情況，做出更明智的選擇。

提前決定你想要發生的事情。我父親總是教導我在陷入這種情況之前，先下定決心在任何情況下我要做些什麼，他相信這樣可以幫助我不被別人的意見所左右，不被別人的期望所影響，避免做出任何我沒有考慮清楚而以後可能會後悔的決定。這樣的教導讓我順利地長大成人，尤其是當我發現自己置身於危機四伏的時候。

當你發現自己處於惶惶不安的處境時，以下一些因素有助於增加鎮靜力：

- 一諾千金，即使你再也沒有動力去做，也要信守承諾。
- 實現你說自己要做的事情。
- 掌控你的心理對話。
- 必須有耐心。
- 不要沉迷於及時享樂。

- 明白大部分的事情都是一個過程。
- 調整自己的節奏。
- 不要憑預想做出判斷。
- 設定一個計畫並遵循，同時也保持彈性。
- 掌握你的展望——當一個樂觀主義者或悲觀主義者是一種「選擇」。
- 如果你偏離軌跡，請保持冷靜並重新組織。
- 當涉及你完全無法控制的事情時，請放棄掌控。
- 請記住，你是唯一一個完全掌控自己鎮靜力水準的人。
- 慢慢地增加強度，人們傾向於容忍緩慢發生的事情，而不是直接跳入激烈的情況而大受打擊。公開演講、為自己說話或鼓起勇氣要求加薪或約會也是如此，多做幾次，讓自己習慣那樣，你就能抓住更多機會，你不安的感覺和成長的痛苦也會越少。

幫助你預做準備的鎮靜力工具

◉預先鋪陳的鎮靜力

當你知道自己越來越不安時——無論是你一直害怕與老闆的談話、被要求發表的演講、還是你一直想逃開的情況，想像一下你期望發生的事情，只選擇積極正向的畫面來想像。很多人想像力很豐富，但可惜的是，他們大多偏向去想像出錯的狀況，快速想像並創造可能出錯的畫面是一種人類的缺陷，這是一種原始的防禦機制，好在壞事發生時能快速準備好對策，這是人類的生存本能。

這種本能反應的問題在於，大多數我們想像到的壞事其實從未真正發生過，但卻真實地活在我們的腦海中，導致壓力和焦慮，我們為最壞的情況做準備，讓自己處於戰鬥或逃跑的狀態，如果你晚上獨自走在黑暗的街道上，這種做法很好，但放在公開演講、與朋友和家人交流或跟同事打交道時，設想事情進展順利會更有益。

在你的腦海中為你希望發生的事情創造一個視覺化的計畫，如此一來，你將會進入積極且強大的狀態，即使出現問題，你也可以用更堅定、更平靜而不是更激動的立場來處理，這種積極的視覺化計畫被稱為預先鋪路——等於在你展開旅程之前把路鋪好一樣。

當我為客戶進行預先鋪路和視覺化訓練時，我總是使用航空公司飛行員做為比喻，商業航空公司的飛行員不僅有一名副駕駛，而且還預先設計了飛機的自動駕駛，以遵循飛行計畫，讓每個人都安全地登上飛機並抵達目的地，只要有正確的程式設計，這架飛機甚至可以自行著陸，因此，如果飛行員在飛行過程中心臟病發作，副駕駛可以接手，而且飛行計畫也能如期進行。

你必須把潛意識想成你的副駕駛或自動駕駛，潛意識是腦海深處最原始的地方，它會仔細聆聽你有意無意提供的每一個計畫，在壓力事件發生之前，你對自己講述的最後一件事將是潛意識編排的最後一個計畫，垃圾進，垃圾出，不要讓你的大腦接收一個事情會出錯的爛計畫，請確保完整的視覺化計畫具有積極的自我對話和畫面，以便你可以繼續順利飛行。

◉引導式心像法

當你不安時，請鍛鍊你的大腦肌肉！我在心理學家湯瑪斯．納爾迪博士的證書課程中學習引導式心像法，以幫助我的客戶和學生想像自己做了一場成功的公開演講，讓他們更能面對怯場。基本上，引導式心像法著重於「思想去哪，身體就去哪」的概念。許多前來諮詢的運動員告訴我，在進行比賽或投籃之前，他們會事先在腦海中想像自己獲勝的情況。下次當你即將陷入充滿壓力的境地時，試著讓大腦充滿你想要發生的事，而不是你不希望發生的事。

◉做好事前功課

即將面對壓力或挑戰時，沒什麼比知道你已經做好功課更能讓自己冷靜下來了，明瞭你在進入某個情況之前已經摸透狀況，你會感到更加堅定。對於大多數人來說，當他們不知道自己要面對什麼，或是覺得其他人比自己更了解某件事時，他們會非常不安。在陷入難題之前，先對人物、地點、事件、公司、產品、服務等做好功課，而不是等遇到了才後知後覺。如今透過搜尋引擎，很容易找到任何事情或任何人的相關內容，並深入了解他們是誰或者某件事的所有內情，把自己想像成一名採訪記者，資訊、知識和技能是在不安的處境下還能夠感受到鎮靜力的關鍵構成因素。

◉吃掉一頭大象

在演戲領域中，表演者試圖記住大型劇本時會使用一種叫做「吃大象」的技巧，被告知必須記住兩百頁劇本的演員，如果他們想要一次全部背起來，根本是不可能的任務，沒人可以吃掉一頭大象，但如果你從腳趾開始，接著到腳，然後是腿……以此類推，最終你可以把牠全部吃掉，所以他們利用吃掉一頭大象的方法，先記住一小部分，然後再增加一小部分，如此循序漸進地記住劇本。

同理，當某件事情看起來如此龐然且令人生畏，以至於讓你不安時，請將其拆解成較小的區塊，以便更易於管理，在比較容易消化的各階段中做事時，最重要的是要朝著正確的方向前進，而且行動使你不會陷入膠著，不知所措會使大多數人僵持不下，沒有採取任何作為也是如此。

練習

絕大多數人只要不開始練習，就無法精通任何事情，生活中大部分的事都只是個過程而已，情況會隨時間改善。首先我們要找到自己的節奏，然後發現細微的差別，想要擅長某件事通常沒有捷徑可以走，你必須投入時間，反覆練習、微調，發現什麼對你有用、什麼沒用。傑出的運動員和表演者唯有將基礎鍛鍊得爐火純青才能創造真正的魔法，這就是麥爾坎·葛拉威爾（Malcolm Gladwell）在他的著作《異數》（*Outliers*）中所指出的：最優秀的成功人士通常會在他們擅長的任何事情上投入上萬個小時。

此時，不要自己嚇自己：「我沒有一萬個小時」或「我不能等到一萬個小時之後」，這裡的重點是繼續練習你想要精通的任何事，你就會越來越厲害。

把你的練習過程拍下來

你可以成為自己最好的教練，當你嘗試學習視覺或聽覺方面的知識時，攝影機或手機的錄影功能是你最好的朋友，不要逃避，請擁抱它。我從小就對錄製影片深深著迷，我們可以像製作電影一樣捕捉自己的生活，讓這些時刻在結束後仍能長久保存，對我而言就像是一種魔法，當我們觀察和傾聽自己的聲音時，我們可以從旁觀者的角度，看見別人所看到的東西。許多人這麼做以後大感意外，因為他們不習慣從這個角度看待自己。

一旦我們習慣觀察自己並知道自己說話的樣子，就可以利用這項工具來發揮我們的優勢，無論是記錄你的高爾夫揮桿、面試技巧還是公開演講，你現在可以捕捉到自己的外貌、肢體語言、聲音、臉部表情、活力和氣氛，你可以暫停、倒帶和快轉來解構你的技能，加強弱點，突顯優點。

既然我們已經探索了如何利用鎮靜力工具來打造堅韌力，讓你在鏡頭前表現更好，讓我們更仔細探討第七章中的「自我形象的鎮靜力」。

客戶的故事

喬伊是紐約市劇院區中心的一名表演老師，我們同在時代廣場附近的一所著名表演藝術學校授課。喬伊是個充滿喜悅的人，她不是為了賺錢而教書，而是真心想看到自己的學生在競爭激烈的事業中發光發熱，她的週末課程經常額滿，主要是透過口耳相傳，因為學生都很愛她，而她也很愛他們。

然而在某一個週末，她的課程參加人數沒有以往來得多，而且她聽說另一位老師的週末課程越來越熱門，喬伊有一些固定學生已經跑去那個課程，另一位老師是選角導演，每年從美國西岸飛過來幾次。儘管她對學生高高在上、一直看手機，經常抽菸打混，還在課堂上一直貶低喬伊，學生還是得忍受她的不專業，因為這名導演可以幫助他們參加試鏡，而試鏡會帶來工作和收入。

在西岸教師研討會之後，喬伊的每個學生都會跟她連絡，讓她知道選角導演如何處心積慮破壞她的出色工作和日益增長的聲譽，喬伊感到非常震驚，她不僅認識這位選角導演，而且在她剛進入這個行業時還曾經上過她的一門課，喬伊想要透過電話聯繫她，希望能夠與她溝通，但她從未接到對方回電，喬伊開始懷疑選角導演所說的話或許屬實——她自己的表演經驗過於有限，以至於無法幫助別人。

當喬伊告訴我發生了什麼事時，我差點沒昏倒，當數百名學生不斷稱讚她且發送感謝卡和電子郵件給她時，她怎麼能懷疑自己呢？我們常常看不到自己的價值，假如我們謙虛，我們會盡可能減少或不承認自己的成就，因為我們就是不習慣自吹自擂。

所以我請喬伊坐下來，將她過去十五年來演過的所有角色都寫在紙上，「這麼做有什麼用？」喬伊用氣餒的語調嘆氣道，「你會發現的。」我說道。大約十分鐘之後，她已經寫滿了好幾頁，隨著她的成就清單越來越長，我對喬伊笑著說道：「妳的墨水都快用完了！」轉行當老師以後，她從來沒有檢視或更新她的表演履歷。喬伊把她能想到的所有東西都寫在紙上後，她翻閱著填滿的筆記本說：「哇，我不敢相信這是我！」這些年演過的角色多到她都快忘了，喬伊的經驗非常地豐富，那個尖酸刻薄的選角導演實際上幫了喬伊一個大忙，如果沒有發生這種打擊，喬伊可能不會花時間對自己的經歷、技能和才能進行個人盤點。

喬伊在她的所有行銷素材、個人網站和新聞通訊中都運用了這種全新的觀點和資訊，自此以後，研討會和課程的需求增長了更多，喬伊能夠接觸和幫助到更多的學生。

鎮靜力工具的反思

列出你可以增加在鎮靜力信用卡上的三件事：

創造你可以遵循的三條鎮靜力正面規則：

列出你可以打造的三種鎮靜力儀式：

第7章 自我形象的鎮靜力

「有一個青春之泉：源自於你的思想、你的才能、你為自己和所愛之人的生活帶來的創造力，當你學會挖掘這個源頭，就能真正戰勝年齡。」

——蘇菲亞・羅蘭（Sophia Loren）[1]

韌性是我們從困境中快速恢復的能力，而意志力則是我們性格中能夠帶來勇氣的力量。我希望在我們邁入堅韌鎮靜力的旅程中，先來探討一下自我形象，因為經歷生活中的重大變化或挑戰時，自我形象往往會遭受打擊。

我們的思想、才能和創造力如何為我們與所愛的人服務，可以讓我們從鎮靜力的內在泉源中獲得使命和熱情，然而這一切卻很容易被自我形象和外表給模糊掉，我們對自己的看法，可能與他人對我們的看法大不相同，在我們獲取鎮靜力之前，自我認知可能是消極且貶抑的——而且往往與他人對我們的實際想法天差地遠。

當卡珊卓走進我的訓練室時，我覺得她看起來像個成功的領導者，優雅、穿著講究，看起來像是號大人物，但我很快就明白，她對自己的內在形象完全不是這麼回事，她對自己的事業和生活充滿自我懷疑。

「為了撫養孩子，我離開職場多年後，信心盡失，我不喜歡自己的外貌，我的身材已經走樣了，我一直參與媽媽相關的話題，而不是用商業演講來與人交流。」她坦誠道，「一想到必須在公共場合演講，成為全場焦點，我就覺得不知所措，我認為自己比不上現在的同儕。」

因為新工作的關係，卡珊卓被要求負責醫院基金會募款活動並主持重要的晚宴，使她必須站在數百名醫院管理高層和醫生面前，甚至要成為促銷活動的代言人，其中包括拍攝大型照片。談論她剛重新進入職場就被趕鴨子上架，她極度害怕自己與被要求擔任的角色不相符，所以一直貶抑自己的能力。在我們的課程中，卡珊卓能夠盤點她的經驗和優勢，重新調整她對自身才能的評價，並且再次建立信心。她開始勇於嘗試，思考更積極的想法：「我有個深刻的認知，開始發現我對自己的看法不如別人對我的看法，對我、我的自尊、信心以及實現我的目標而言，這是一個不可思議的轉折點，我開始挖掘自己的個人力量和內在信任，並以嶄新的眼光看待自己。」我出席了卡珊卓擔任司儀的醫院基金會晚宴，當時她容光煥發，她的聲音、肢體語言在講臺上散發出自信，她知道自己的價值，你可以看到她只不過是對自己更有信心而已，結果宴會廳裡的每個人都以同樣的方式回應她。

在接下來的幾頁中，我們將會研究當涉及到自我形象時，我們的鎮靜力會受到四個層面的考驗。

年齡的鎮靜力

年齡是一個棘手且容易敏感的話題，我們幾乎在人生的每個階段都把它當成自我破壞性武器來使用，這些問題聽起來很熟悉嗎？「我太年輕了——我從來都不會被認真看待」，「我太老了——他們想找更年輕的。」在人生的任何階段，我們都很容易以年齡為藉口，阻止自己嘗試新事物，阻撓夢想實現，或就是不讓我們在當下感到快樂。

停止這種自我破壞的唯一方法是**做出有意識的選擇**，聲明現在正是最適合的年齡，這是唯一的現實，不是嗎？你無法比現在年輕或年長，你根本無法改變數字，但你可以改變自己的想法和生活方式。

我受僱於一位時裝設計師，以幫助她精進與人溝通的技巧，讓她在電視上露面時更加鎮定和自信，她比我大十到十五歲，她擔心自己的年齡會影響在鏡頭前的樣子和感覺，我的外表看起來比實際年齡小，當我告訴她我的年齡時，我的客戶很驚訝，她告訴我，當她第一次考慮僱用我時，覺得我可能還太年輕，無法具備教練和訓練師應該有的經驗和智慧。說完我們都笑了。她堅持要我在網站和教材上公布年齡，這樣我年輕的外表就不會阻擋潛在客戶僱用我，最有趣的是，我最近剛滿五十歲，而且正在計畫我的下個十年。

這個故事的寓意是，我們對事物的看法都非常不同，對某些人來說，太年輕是個問題，對其他人來說，太老才是問題，這一切都與個人情況息息相關。

我的另一位客戶是一家大型行銷公司的執行長，在向他的員工發表演講時遇到了困難，他三十五歲，與一個更有經驗（年長）的執行長相比，他覺得員工會認為他還沒有準備好領導他們。他來參加我們的一對一公開演講課程，開玩笑地說他只需要一個「治療課程」來克服它，隨著時間流逝，我們對於他根本無法改變年齡的事實達成共識，經過我們的努力，總算消除了他的顧慮，決定把注意力集中在改善公事上的表現，而且他的員工普遍都很高興為他工作。

還有一位客戶是一間大型連鎖店的執行長，我協助他為公司的一百週年慶預做準備，他擔心自己現在已經七十多歲，外表和聲音都已老去，然而他底下數千名員工中根本沒人會在意他的年齡，他是唯一一個擔心這件事的人。事實上他深受大家的喜愛，一走上臺就受到搖滾明星般的歡迎，我們致力於幫助他擺脫自己的束縛，讓他把焦點從自己身上移開，改為照亮那些優秀的員工。

以下是你現在可以採取的行動，讓你在任何年齡或人生階段都更加冷靜且自信：

- 如果你年輕且缺乏經驗，請將自己視為一張新面孔、一個熱情的學習者、一張白紙或一塊海綿，準備好為你的工作、你的夢想和你生活中的所有人傾注所有，不要在意自己經驗不足，聚焦在你的新觀點和活力上。
- 如果你在某個方面有一點（或很多）經驗，請專注於你獲得的智慧、塑造你的經驗以及你獲得的獨特知識，這些都需要歲月的累積。
- 不要聚焦於想要保持或看起來年輕，而是關注於維持和看起來閃耀亮麗，不要陷入任何一個階段、風格或時代，繼續向前進，重新發明、重新定義和重新打造！經由你的選擇、習慣和前瞻，盡最大努力專注於看起來和感覺健康、充滿活力和精神飽滿。
- 如果你認為自己還太嫩，那你就是太嫩，如果你覺得自己太老，那麼你真的就會像個老人，任何抱怨都只是藉口。
- 請明白每個年齡都有優點和缺點——而且由你自己負責你選擇關注的內容或引導

注意力的方向，無論你專注於自己的優點還是缺點，你的焦點都會成為你的現實。

- 掌握主導權，並且採取行動，把年齡的數字排除在等式之外，時時刻刻創造你想要的生活，在每個年齡都必須學習和成長。
- 專注於健康，而不是數字，對年齡的正面態度（在任何年紀）可以使人生更長久、更快樂——甚至比低膽固醇或定期運動更重要。
- 正如喜劇演員喬治・卡林（George Carlin）曾經說過：「年齡這件事情心態重於事實，只要你不在意，它就不重要。」

身體的鎮靜力

不管喜不喜歡這個事實，你的身體確實會影響你對自己的感覺，對你的身體充滿冷靜和自信相當重要，畢竟，這是你唯一擁有的。你無法擁有別人的身體，它就像是你展現給全世界看的告示板，一旦與自己的身體成為朋友，並且真的學會愛它，你的身體最終會獲得更好的照顧，而它也會將你照顧得很好。

看看你認識的名人中擁有不完美身體的人，有矮子、胖子、長相怪異以及毫無吸引力的人，你認為他們在成名的過程中對自己的身體和臉孔有特別著墨嗎？也許有，但是他們還是奮勇向前，專注於成為一位優秀的演員、一個出色的漫畫家、一名偉大的藝術家、又或是一位傑出的歌手，我們不在乎他們長相如何，而是被他們的才華所吸引，以至於看不見其他部分。

透過思考正面且富有成效的想法，我們可以在自己的生活中做到這一點，創造性的想法、表達的想法、藝術的想法、成功的想法、堅定的想法、關於如何在我們所做的事情上表現更好的想法。我敢肯定，那些名人都有他們希望自己的臉或身體看起來不同的時候，也許符合社會所謂的某種漂亮模式，但他們成功的原因是內心比外表更美，而且他們堅持自己的夢想和目標。

如果讓你選擇，你會選擇哪一個：你的臉和身體都很完美，但是內心卻很貧乏？沒有創造力、沒有熱情、沒有浪漫、沒有動力、沒有尖叫，讓你對自己在這個人生中選擇展現的事情感到驚訝？還是你會選擇沒有完美的身體和美好且豐富的人生觀？

在你的一生中，你可能遇過一開始沒有吸引力的人，可是只要你了解他們，你就會被他們吸引。

這一切都與能量有關，積極的生命力能量勝過了我們的外在必須提供的任何東西，當我們專注於努力使內在的生命能量盡可能發揮作用時，我們的外在真的再也沒有那麼重要了。事實上，外在會因內在能量而發光，反之亦然，漂亮的人如果內心腐爛或空泛，他們很快就會變得醜陋。

別人的第一印象遠遠不足以代表全部的我們，專注於創造、成長以及對這個世界釋放你的能量，不需要過度強調我們稱之為「身體」的交通工具，它只是恰好載你踏上這趟旅程，你當然要照顧它、尊重它，但假如它不同於社會所謂的完美或者有吸引力，那也不用介意，接受它、擁抱它，然後由內而外綻放光芒！

以下是你現在可以採取的行動，讓身體擁有更多鎮靜力：

- 當你獨自一人的時候，花一點時間仔細地看著鏡子裡的自己，觀察你自身所散發出來的榮耀，人體真的是一件美麗的藝術品。
- 瞧瞧你身體的力量、你皮膚的美麗；感謝讓你看見世界上所有美好事物的眼睛，以及幫助你聽到所愛之人和你所有朋友的聲音的耳朵。
- 感謝你的身體讓你順利地走到這一步。

不切實際的鎮靜力

你的自我形象問題實際上在與不真實的外部影像競爭，別忘了，我們在媒體和網站上看到的許多圖像都是由手機應用程式、數位工具和造型化妝團隊所設計、修飾與加強的，所以我們完全不曉得什麼才是真實。

我第一次在紐約市拍攝專業大頭照時，攝影師讓我瀏覽他的作品集，包括許多名人修圖前的照片，我很震驚地發現，原來的照片有線條、皺紋和有瑕疵的皮膚，讓他們更像普通人，讓我同時覺得亦喜亦憂！即使是二十出頭的女性，也需要對每張大頭照進行修飾——青春痘、黑眼圈、疤痕和笑紋都要去除或淡化。

我遇到一位跟我上同一所高中、目前在廣告業工作的人，他告訴我他們會在模特兒的照片上利用電腦修圖來延伸和拉長四肢和頸部，並且削去大腿外側和內側的馬鞍肉，讓名人和模特兒看起來更瘦，他表示這樣就像玩他小時候擁有的阿姆斯壯彈力人（Stretch Armstrong）和岡比小綠人（Gumby）玩具。

攝影師告訴我，為了名人或模特兒的一張照片，他們必須拍攝數百張照片，只是為了獲得一張封面照片或某項專案的大頭照，每次拍攝照片的時候，化妝師、髮型師和服裝人員都會在拍攝前替模特兒或名人做好準備，負責燈光、背景和用扇子製造風的人也在努力工作，讓一切看起來美到無懈可擊。

許多模特兒、表演者和名人在拍攝專案的整個期間都會節食，直到拍攝結束才開始大吃大喝，所以基本上我們看到的是最佳行為的最終產品，有很多人幫助他們看起來更加不同凡響。然而，一般人都努力向這些影像看齊，它們根本不是真的。這一點對於年輕人而言尤為重要，有一些網站可以讓你透過在照片上來回移動滑鼠浮標，來檢視照片修飾的內容。

即使在社交媒體上，大多數人只會發布他們希望你看到的圖片和影片，你很少看到某人不如意的一天、虛弱的時刻或有瑕疵的影像，每個人的生活在社交媒體上看起來都光鮮亮麗，在娛樂圈和電視圈中，這些被稱為精彩畫面或影片回顧，這些是最好的影片剪輯和影像，透過編輯來粗淺地顯示這個人的經驗和表現，只有最強大、最討人喜歡的圖像和剪輯才能脫穎而出，最終結果必須讓觀眾想要與他們合作或僱用他們，而充滿瑕疵、不完美的時刻、糟糕的燈光以及任何不受歡迎的東西則會被刪掉。

以下是你現在可以採取的行動，來獲得更真實的鎮靜力：

- 擁抱你的缺陷。
- 不要將自己與他人的圖像進行比較，這些圖像就是想透過讓你覺得自己還不夠好，來向你推銷某些東西。
- 提醒自己，你每天看到大多數的照片都經過設計和加強，才會看起來很完美。

鎮靜力的姿勢

我的許多客戶需要為他們的工作拍攝形象照，許多高層管理者和專家不想對著鏡頭微笑，但他們不得不為這件「勉為其難」的事擺出姿勢，有些人告訴我，他們會避開相機，甚至在家庭聚會上也討厭拍照，他們不喜歡入鏡，是因為他們在拍照時有不舒服、尷尬和不喜歡受人注目的感覺。

以下是一些可以幫你適應鏡頭的訣竅：

- 事先對著鏡子練習臉部表情，然後，在拍照過程中，回想哪些表情是你最喜歡的，並且與攝影師一起將它們融入到拍攝中。
- 「相機知道你在想什麼」，當我展開自己的事業時，我的父親總是告訴我這一點，如果你討厭這個過程，相機都會詳細記錄下來，如果你不看好這個結果，結果就真的會如你所想。你的臉部表情必須真實且自然。因此，當攝影師不停拍照時，盡一切可能想像你所愛之人、你想要的客戶以及你想要給人的印象，你的臉會透露一些真實的東西，想一想好的回憶或即將到來的事情，讓你的臉在那個時刻展露真正的笑容，以便攝影師可以捕捉到它們，想想小狗、巧克力或美元符號吧！
- 如果你練習在休閒的家庭攝影情況下找到自己的舒適區，真的會對你有所幫助，當家人開始在家庭聚會上拍照時，不要逃跑和躲藏，這是最糟糕的做法，你沒有想辦法讓自己對相機、家人與生活感到放鬆和有趣。經過歲月的累積，照片真的是一種祝福和珍惜的東西。
- 謹慎挑選你的化妝師和髮型師，我建議你提前去找造型師，並且在拍攝前完成完整的髮型和化妝，以確保你喜歡自己的樣子，感覺舒適自在，而且像你自己——

你也不想覺得自己戴著面具或者成為別人的樣子；一旦你對成果感到心滿意足，請安排這些人進行實際拍攝。（男人也需要為了拍照而整理髮型和化妝。）

- 慎選你的攝影師，即使他們說自己不錯，或者別人說他們很好，也不代表他們很適合你。瀏覽他們的作品集，看看他們是否拍攝過與你具有相同膚色和風格的人，留意光線以及陰影和對比度的運用，並注意背景，是靜止的、空白的，還是有趣、現代且新穎？
- 與攝影師的第一次見面中，帶上一些最喜歡的生活照，對方並不認識你，也不知道你平常的樣子，最重要的是，他們不知道你如何「看待」自己，只要帶你喜歡的個人照，解釋你為什麼喜歡這些照片，讓攝影師藉由照片認識你，即便你現在覺得不喜歡自己拍過的每張照片，肯定至少有一張會讓你喜歡自己。
- 你的服裝很重要，試著挑選適合整個年度與所有時區的品項，純寶石色調最適合所有的膚色，選擇你穿著時人們通常會稱讚的顏色，注意日常生活中適合你且讓你感覺舒適的領口。
- 避開複雜的圖案、極深或極淺的色調以及顯眼且閃亮的首飾（請考慮完全排除首飾，因為會很快地變成「過時」，而且容易分散注意力），你總是希望人們首先看到你的眼睛和臉，而不是你的珠寶或衣服。

- 當我們照鏡子時，我們看到的是自己的倒影，所以對我們來說似乎很正常；當我們看著一張照片時，卻跟我們習慣在鏡子裡看到的相反——我們需要調整自己的思維來適應這個現實。你拍的照片越多，並允許其他人拍攝你的照片，你在照片中看到自己就會越自在；如果你經常逃避拍照，反而會更糟糕，永遠也無法感到自在。
- 無關虛榮心，圖片是必要的商業工具：人們都希望能夠為名字、履歷、公司、品牌加上一張臉孔，你的照片是一種行銷工具、一個創造人脈的方法，應該讓人們想認識你、了解你、信任你、投資你。讓你自己有機會透過研究、準備和培養為了獲得出色照片所需的正確心態，使你的照片成為自己引以為傲、感到自在和滿意的好照片。
- 最後，像大多數事情一樣，你的照片會在你身上成長。當你第一次看到你的照片時，它們可能看起來很陌生，有時就像一種靈魂出竅的體驗，我們當然不僅僅是被凍結在某一刻的快照，我們的活力、動作、舉止和個性不可能用一張照片來概括說明，藉由運用上述訣竅，你將會獲得最好的拍攝，捕捉到你更生動自然的樣子，讓你想要與全世界分享。

既然我們已經介紹藉由自我形象鎮靜力來增強堅韌的方法，那麼我們接著探索另一個需要勇氣和韌性這兩種關鍵的領域——追求你的目標！

自我形象的反思

請列出在你目前年齡最喜歡的三件事：

請列出你身體上最喜歡的三個地方：

請列出你臉上最喜歡的三個地方：

請列出你最喜歡的三種風格：

請列出你可以坦然接納的兩個「不完美」：

注釋

1 蘇菲亞・羅蘭（Sophia Loren）是一名義大利女演員，一九六二年她以《烽火母女淚》獲得奧斯卡和坎城雙料影后，也是第一位非美籍演員獲得奧斯卡影后殊榮。一九九二年獲得奧斯卡終身成就獎。被譽為世界上最具自然美的女人，義大利永遠的女神。

第8章 鎮靜力的目標

「生命的價值，不在於發現自我，而是創造自我。」

——蕭伯納（George Bernard Shaw）[1]

如果有某個大家都需要韌性和鎮靜力的時期，那麼一定是努力實現目標的時候。多年前，我聯絡一家在地廣播電臺，提出一個關於人們如何自信溝通的脫口秀節目的構想，節目名稱是《派翠西亞．史塔克的由內而外》，這是我一直希望完成但遲遲未實現的夢想，所以我必須親力親為打造這個節目。這是一個非常小的廣播電臺，位於紐約市北部的哈德遜河谷，而我是一人團隊，身兼製作人、撰稿者、贊助商尋找者、發起人和主持人，我論及的主題包括自信、自我對話、正向思考、溝通技巧、肢體語言、緩解壓力和焦慮等，還有我在本書中所寫的所有內容。我約訪了客座專家，談論我與客戶和學生一起運用的所有指導和訓練策略，還開放觀眾打電話進來問問題，儘管得到的回應不多。

我喜歡這個節目的每一分鐘，但是我好像沒造成什麼影響，每次直播燈號變成紅色，銀色的巨大麥克風盯著我的臉，我心想：真的有人在收聽嗎？

厄尼．阿納斯托斯是一位最具代表性且廣受喜愛的新聞主播，幾十年來一直居住在紐約市，不知何故偶然發現我在小廣播節目中所做的工作，「妳好，派翠西亞！」當我接起手機時，他用低沉宏亮的聲音大聲說：「我一直在聽妳的廣播節目，我很欣賞妳！想邀妳來下午六點新聞播報現場，以客座專家的身分談談妳一直在研究的主題。」

在此之前，我原以為沒人會收聽我的節目，而且這是展開一段深刻友誼的契機，我在厄尼的新聞播報中出現了幾十次，因為我正在開發後來成為我推廣鎮靜力訓練品牌的內容。

關鍵在於：創造你喜歡的作品、塑造它，成果會自然而然地出現。從現在開始採取行動，即使你的進展看起來很渺小，即使感覺沒有人在聽或甚至沒人在乎，只要明瞭你正在播下種子，並且持續照料你的花園就行了。

現在讓我們轉向一些實現目標和建立韌性的最佳途徑。

採取行動吧！

我最喜歡的其中一句名言出自於約書亞・吉爾伯特・霍蘭德（Josiah Gilbert Holland），他寫道：「上帝賜與食物給所有的鳥類，但沒有扔進牠們的鳥巢。」想想看這是多麼寫實，一切都在那裡，鳥類的食物無處不在，但是牠們必須想辦法取得。沒人會把食物送到牠們眼前，但是離開安全的巢穴必須承擔風險，牠們可能會被另一種動物吃掉，或是在暴風雨中死去，也可能飛進別人家的窗戶；但如果鳥類不離巢去找食物，牠們肯定會餓死。真正大膽的鳥類會跟樂於扔食物給牠們的人類交朋友，這讓我想起那些看到別人展翅高飛、表現出主動性、積極進取態度、決心和個人責任感時想要幫助他們的人。

我喜歡每天早上在我家後院餵食鳥群和松鼠，因為牠們會圍繞著我，一點都不害怕，有隻松鼠甚至每天早上會敲打我的後門，從我手中叼走一片麵包，就像速食店得來速窗口一樣！這隻松鼠令我印象深刻，所以我當然想給牠額外的款待，世界就是這樣回應那些採取行動並為自己創造機會的人。

堅持下去

永遠不要放棄。我曾看過一名演員在深夜脫口秀節目中擔任嘉賓，主持人介紹他為「爆紅的人」，演員坐下後笑著道：「是啊，一夜暴紅，但其實我已經努力了十五年，直到現在才有人注意到我。」

人們總是太早放棄，他們沒有足夠長的專注力，自暴自棄，當他們這麼做時，便讓位給了其他不放棄的人。如果你想要某樣東西並願意為此努力，那麼只要堅持到底，不要唱衰自己，你終就會得到你想要的。

比原定計畫晚一點達標可能會有許多益處，例如成熟、冷靜和內心平靜似乎是大器晚成者的共同點。我合作過的大多數大器晚成者都不會為小事緊張兮兮，也不會很容易慌張。

建立你的鎮靜力標準

你是你人生的主人，如果你打算僱用某個人為你工作，你希望他們只為你盡最小的努力，表現平庸嗎？還是你希望有人為自己的工作感到自豪、擁有熱情和正能量？對自己的工作擁有主導權的人似乎總是在追求更遠大、更美好的事情。不要為了滿足他人而做你的工作。不要為別人而活，不要貶低自己，不要妄自菲薄，不要辜負自己的標準，因為你值得。

正是透過努力和關懷，我們才能贏得友誼、健康、財富和內心的祥和。當你為自己制定遠大目標、設定高標準並重視自己時，到頭來也會為他人創造巨大的價值。人們會想要接觸你，幫助你達到頂峰。不要待在原地不為所動，不要等待生活能給予你什麼，你必須追求自己想要的，心甘情願地做出努力。對自己設定高標準，才能從人群中脫穎而出。

很多人只是沒有自己解決問題並開始行動，他們傾向於期望辦法自動出現，或者希望有人手把手教他們解決，他們甚至可能會問「為什麼是我」或抱怨某項任務不在他們的職務範圍內。你想要擁有「加分因素」，即自我激勵和決心的結合，加倍努力，做得比預期還要多，拒絕當「差不多先生／小姐」，可以讓你更為成功。擁有這個加分因素可以建立你的鎮靜力，能夠負責並完成工作，而不需要如同教小孩子一樣手把手地做；擁有加分因素時，你將會真正從人群和競爭中脫穎而出。

創造自己的工作

從前待在一家優秀穩定的公司裡工作，代表著一份工作保障，如今很遺憾地，這種光景不復存在，當我們為別人工作時，我們根本無法控制自己的職涯命運，然而，我們大多數人都受到學校和家庭的諄諄教誨，告訴我們應該接受良好的教育，在一家好公司找到一份好工作，我們的人生就會圓滿。如果在學期間我們可以學會如何創造自己的工作，想像和實現我們自己的事業──我們熱愛做的事情，一切會變得多麼美好！

時至今日，與我一起工作的許多自由業者都覺得他們的職業生涯更有保障，因為他們跟許多人和公司一起工作，同時擁有多元的專案和各種可能性，如果其中一個結案了，那麼另一個機會也馬上會到來。

你能自己創造出什麼？什麼樣的技能、服務或想法可以讓你在你熱愛的職業中成為自己命運的主人，而且常常讓人覺得有趣而不只是工作？利用你的閒暇時間去執行，直到你可以當成全職工作來做。

想想你願意無償去做的事

首先，想想你真正熱愛的事，接著想想你非常喜歡做的事，喜歡到你會願意無償去做；然後找到一種管道來學習有關這件事的一切，研究其他正在這樣做的人或類似的事情，購買你能取得關於這個主題的每一本書，搜尋網路上有提供與你所熱愛事情相關的線上課程、證照或學位的教育資源。

精通你在做的事！

在閒暇時盡你所能精通自己熱愛的事物，和跟你有同樣熱情的人多多相處，加入與之相關的團體或組織。想想你可以怎麼用它來為他人的生活創造價值，在磨練技能的同時，無償地替其他人而做，只要你表現出色，口碑就會傳出去。

當你熱愛自己所做的事情，並且真的很擅長時，人們會想要你——他們會想花錢請你——因為你的專業能力。

你的熱情是什麼？專注於它，就好像你在陽光下拿著放大鏡且看著它點燃一樣。想辦法用來幫助他人，你就會產生鎮靜力來創造自己的工作——它甚至可能不是工作了。

捫心自問為何不是你？

我們經常看到別人在做我們想做的事情，而我們只能對自己感到失望，我們會心想，為什麼是他們而不是我？我們會沮喪地認為自己沒那麼幸運，時不我予，或是自己不夠好，所以沒有發生在我們身上。但是，當我們這樣認為時，其實應該反過來想，其他人正在做「這件事」，這個事實應該促使我們明白，這件事是可能實現的，可以做到的，畢竟有人就真的做到了。

播種

除了學習溝通技巧外，我的許多客戶和學生都來找我做就業諮詢。他們現在該何去何從？接下來要做什麼？既然已接受過培訓，那麼他們要如何宣傳自己已經為世界做好了準備？這當中許多人都想找一個經紀人或公關，雖然兩者都可以幫助他們找到合適的人，但我總是強調，沒有人會像他們為自己工作那樣努力地為他們工作。歸根究柢，我們不能指望任何人將我們視為他的優先要務。

你的命運掌握在自己手中，你必須把自己放在第一優先。是時候播下一些種子了，讓這個過程繼續下去並獲得成長！倘若你每天埋下一顆種子，你很快就會發現有所收穫。就在我辭去當地電視臺擔任製片人的全職工作轉為自由職業者之前，我收集了我的居住地方圓五十英里範圍內三百多家製作公司的聯絡資訊，我把我的素材寄給他們每一個人。我知道不能指望立刻有工作上門，但我正在播種。不久之後，他們之中的一些人為了自由職業專案打電話給我，但令我驚訝的是，幾個月、甚至一年後，有些人打電話說他們將我的素材保留起來，直到後來得到了他們認為我可能適合的東西。這件事對我來說是一個很好的體悟，讓我意識到，沒有獲得工作或潛在客戶的回覆並不代表沒有可能意味著現在還不是時候而已。

亂槍打鳥

我父親過去常常告訴我：「如果你往牆上扔夠多的屎，總是會有幾坨黏在牆上！」這並不表示你可以三心二意，輕鬆達到你的目標，而是意味著你必須確定自己想去哪裡，什麼時候去，然後排除萬難，解決問題，沒得商量，把你自己和你的目標攤開來讓所有人都看到！

當第一線行銷人員在郵件或促銷文宣上獲得百分之十的回應率時，他們會非常激動。你接觸的人越多，在某處引起興趣的機會就越大。

有個故事跟作家史蒂芬・金（Stephen King）和他的第一部小說《魔女嘉莉》（*Carrie*）[2]有關。據說他已經向出版商遞交他第一份《魔女嘉莉》的手稿多達數十次，但一次又一次地被拒絕，他最終灰心喪氣，將手稿扔進了垃圾桶，他的妻子對他和他的作品有信心，把它從垃圾桶裡撈出來，交給另一個感興趣的出版商，後續的發展就是眾所周知的事情了。我們永遠不知道自己離成功到底有多麼近。

預期障礙

毫無疑問，前方一定會有障礙，那就借力使力吧，如果它們讓你放棄，那或許你也不是真心想要這個目標。即使會短暫感到沮喪，但別讓這種情緒維持太久，趕快一腳踢開它。

肯定會有人想盡界上每一個理由告訴你為什麼你不能做某件事，以及為什麼這麼做毫無用處，他們會說，競爭太激烈了，但這個世界有許多無視反對聲浪而成功的故事和典範，你也可以成為其中一個。

希望此時我已經燃起你想實現目標的熊熊鬥志，現在正是時候進入我們旅程的第三部分「溝通的鎮靜力」，為了幫助你實現目標並在日常生活中更加冷靜且自信地進行溝通，我將為你提供多樣的方法來建立內在和外部溝通技巧，以及對人際交往能力的自信心，包含更積極有力的自我對話策略、改善說話的聲調、自信的眼神交流技巧，還有學習加強臉部表情和肢體語言等非語言交流技巧，直到能成功應對大型演講或採訪，事不宜遲！

鎮靜力目標的反思

列出即使沒有酬勞你也會想做的三種工作：

列出正在從事你想做的事情的三個人：

你可以透過哪三種方式來研究你的目標和夢想？

列出可以讓你擅長於鍾愛之事的三種方法：

注釋

1 蕭伯納（George Bernard Shaw）是愛爾蘭劇作家，早年靠創作音樂和文學評論謀生，後來因為戲劇創作而出名，一生寫了超過六十部戲劇，擅長以黑色幽默的形式來揭露社會問題。一九二五年曾獲得諾貝爾文學獎。《賣花女》（*Pygmalion*）被改編成音樂劇《窈窕淑女》（*My Fair Lady*），後來又改編為好萊塢同名賣座電影而家喻戶曉。

2 《魔女嘉莉》（*Carrie*）是於一九七四年出版由史蒂芬·金所著的恐怖小說，敘述了校園霸凌及基督教基本教義派的環境，對主角嘉莉·懷特（Carrie White）造成的人格傷害及扭曲。

第3部

溝通的鎮靜力

第9章 鎮靜力的內心聲音

「決定你一生的並非出自你嘴巴所說的話，最有力量的話語是你對自己的耳語。」

——羅勃特・清崎（Robert Kiyosaki）[1]

「你最該傾聽的事就是你對自己說的話。」正如我在本書開頭所提到的，因為很重要，所以必須再次重申：**鎮靜力並非來自於你身上發生的事，而是源自於你內心發生的事，因此最該傾聽的就是你對自己說的話。**

我們的心裡都有兩種聲音：批評者和教練；傾聽我們內心的批評者一點也不費力，相信負面聲音並重播負面故事總是輕而易舉；想要像個擅長正向激勵的教練那樣對自己喊話，反而需要大量的練習和決心。

我們也透過這兩種內心的聲音過濾外在的聲音，無論別人對我們說什麼，我們總是根據內在批評者或內在導師，我們的看法和我們的信念體系來解釋它的涵義，我們經常對外人的話賦予某種意義，儘管我們可能也覺得對方不是故意的。我們根據過去的經驗、對自己的感覺、對他人的感覺以及對人生的感受，做出假設並得出結論。

每當論及目標或成敗，我們經常先否定自己，才給予其他人機會決定對我們的看法，我們假設別人不會僱用我們、不喜歡我們、不會投資我們或者甚至在我們開口之前就質疑我們，我們在腦海中而不是現實世界中做出這個決定，導致我們不敢嘗試，阻止自己前進並堅持下去。如果我們聽到自己說不行就停下來，那麼又怎麼期待，當別人拒絕我們時，我們能夠突破障礙呢？

有七成的自我對話都是負面的

根據《今日心理學》（*Psychology Today*），有七成的自我對話都是負面的，最重要的是，我們的潛意識一直都在密切關注著這些對話，它會吸收我們所闡述的一切，在內心深處不斷鞏固這些想法，我們一遍又一遍地回顧消極的想法，直到它們根深蒂固，即便這些想法不是真的。

人生中有許多超乎你所能掌控的事情，但你可以控制你的內心。你是悲觀還是樂觀主義者，這有部分可能要歸因於你成長的環境或是你的DNA，但是在成為負責任的成年人之後，你就必須對自己如何使用大腦負起責任。

到頭來是你在選擇要繼續悲觀還是要成為樂觀主義者。正面和負面想法幾乎是不可能並存的，而你確實擁有選擇權。反覆思考可以將想法鞏固在你的潛意識裡。要克服負面的想法，你必須一遍一遍地說出肯定語，而且要把自己說出來的話當作一回事，用心去感受，最終你選擇聚焦的內容將會深植於心。你有能力改寫自己的思維，而且你其實一直都在這麼做，只是你沒察覺到罷了，所以請留心你對自己所說的話，你的潛意識一直在傾聽，還會順從它的指令。

由內而外

你對自己說話的方式會直接影響你與週遭人的外在交流。在與外界進行任何溝通之前，第一個出現的是我們對當下所處情況的解讀，以及我們對該情況的感受。如果內心的聲音不平靜且沒信心，那麼外在的聲音就更加不可能展現鎮靜力。許多人認為改善他們的口說能力只需要增加音量或講得更慢、更低沉之類的，沒錯，這些都非常重要，我們會在下一章中學到這些技巧；但我們也必須學會控制內心的聲音，它是我們靈魂的聲音，會讓我們相信或不相信自己的聲音。

當中有三件事對我們內心聲音的鎮靜力會產生重大影響：

- 害怕錯誤。
- 消極的舒適區。
- 自我監控。

害怕錯誤

在第二章中，我們談到了一個鎮靜力的致命絆腳石：完美主義。十多年來，我一直在紐約市電影中心大樓教每週廣播和如何於鏡頭前表演的相關課程，由於場地座落於劇院區中心，所以每一班的學生五花八門，包括百老匯表演者、模特兒、喜劇演員、演員、廣播員、高階管理者、時尚達人，甚至還有醫療和金融專業人士，這是一個來自美國和世界各地學生的多元文化盛會，真不愧是紐約市！

許多學生的一個共同點是，他們擔心在團體和鏡頭前犯錯。聚光燈下是一個奇怪的地方，這是一個矛盾的島嶼，你是焦點，但又必須把焦點從自己身上移開。情況無一例外：只要有人害怕自己搞砸，結果往往就會如他們所想，成為一個自我實現的預言。他們陷入自己的思路，專注於自己，而不是手頭上的任務，他們搞砸一切，腦袋一片空白，口齒不清，忘記自己要說的話。

當我們專注於不想犯錯、力臻完美時，我們並沒有專注於眼前的真正任務——與另一個人建立連結，無論是透過鏡頭、在觀眾面前、還是隔著桌子進行採訪，如果我們充滿擔心、恐懼、懷疑或對自己缺乏信任，這些想法和感受將會使我們表現得比真的犯錯還要糟糕。

活在對犯錯的恐懼中，這才是造成錯誤的根源，因此，我們要做的第一件事不僅是預見錯誤，而且還要順水推舟，接受它們是必然的結果。

許多時候，當一個學生在鏡頭前講述劇本或故事時，出錯的時刻反而很珍貴，因為這是我們能夠真正了解他們的時機，他們會展露更多個人特色，比起像在背劇本或卯足全力預演那種戰戰競競的表現，這些出人意料的時刻讓我們再次看到人性。

想想你最喜愛的電視名人或是你喜歡觀看或聆聽的演講者，我敢打賭，當他們經常失誤或犯錯時，你並不會介意——因為這讓他們更真實、更親民、更像你我。完美的人可能會令人感到不舒服，甚至越看越惱人，他們看起來很虛假、不真誠，與我們不像同類人。當談到公開演講時，如果聽眾離開時有所收穫，他們實際上會忘記你所犯的任何錯誤；如果你給了他們一些有價值的東西，讓他們可以應用到自己的生活中，像是一個想法，一個靈感、知識或動機，這就是他們會記住的事情，因為這對他們來說很重要。

關於犯錯，在此提供一個絕佳的經驗法則：只要你不介意，別人也不會介意！

錯誤能讓我們試試水溫並進行調整。學習不做什麼與學習做什麼一樣重要，盡可能放輕鬆，展現人性的一面，見招拆招，保持真實。完美往往是虛假且遙不可及的，忠於你的不完美，表現自然不會太差！引用改編自《伊甸園東》（*East of Eden*）[2]一書的電影中，約翰・史坦貝克（John Steinbeck）[3]的名言：「從此以後你不必完美，你也可以做得很好。」

我喜歡看到客戶、表演者或演說家失誤、吃螺絲或犯錯，然後依舊老神在在，正是在那些時刻，我們才能窺見他們的人性，拉近彼此的距離，是與我們有連結的真實人類，而非機器人、塑膠、虛假的人型立牌。

在我的訓練和課程期間，正是在那些不完美的時刻，才能瞥見一個人的真實個性，這通常是一個偉大而真誠的時刻，也就是說，如果他們順其自然，不要批判自己，而是以幽默或按部就班的方式繼續進行。大多數時候人們甚至不會注意到瑕疵，引人注意的反而是你的尷尬、歉疚、找藉口；當你面對觀眾時，一般的經驗法則是，他們不關心錯誤，除非當事人自己很在意。

消極的舒適區

任何人離開舒適區、置身陌生領域時都會失去冷靜和自信，當你感覺自己像一條離開水域的魚，或是身處不太喜歡的位置時，往往很難對自己有信心。但舒適區不一定是積極正面的地方；有時，當我們相信對自己負面的看法時，我們其實也是選擇待在舒適區。

比方說，如果不斷有人跟你說你很蠢，而且你不知道自己在說什麼，那麼你可能會在潛意識中被植入負面的想法，甚至沒有意識到這一點。如果你認為自己不夠好、配不起更好的，或是不被重視，那麼當你試圖改善自己或生活狀況時，就會感到不舒服；當你嘗試做對自己有益的事情時，可能會感覺怪怪的，覺得自己不值得，甚至覺得自己瘋了才會這麼努力。

如果你在取得正面的觀點、接受自己有價值和值得愛或成功方面遇到困難，請回溯你的記憶，尋找造成你負面信念來源的人物和事件。從這一刻起下定決心，當你試圖善待自己、改變生活或相信自己時，如果你跨出了舒適區，你會允許自己感到不自在，並且無論如何都要去做，不要讓那些惱人的外在情緒阻擾你。

就像其他任何事情一樣：你做得越多，它就會越容易，每一個成功總是建立在另一個成功之上。當一個消極的想法出現時，就用積極的想法取代它，因為你幾乎不可能同時擁有正面和負面的想法；如果你的生活中只有一件事是你可以完全控制的，那肯定是你選擇思考和選擇相信的想法，這完全取決於你，只有你自己能夠決定。

自我觀察

當我第一次開始指導客戶時，我覺得自己像個冒牌者，我觀察的客戶似乎也在觀察我！這種經驗感覺有點像是靈魂出竅。在帶領了幾次課程之後，我學會相信自己的直覺，不再貶低自己的訓練、背景和經驗。

當我找到自己的舒適區和節奏，知道自己可以確定客戶的需求並幫助他們，這種自我監控的情形就消失無蹤了。自我觀察結合了我們在第二章中討論過的兩個鎮靜力絆腳石：內心的批評者和過度的自我意識。

在接下來的二十四小時裡，請注意你如何對自己說話，你的自我對話是積極還是消極的？並且關注內心對話如何影響你對外與他人的溝通方式。

請透過下列方式來管理你內心聲音的鎮靜力：

- 只用正面的方式對自己說話。當你在自我對話中聽到負面陳述時，盡快以正面的方式重新表達它。
- 告訴自己你想要完成的事情，而不是可能出錯的事情。
- 辨別你可能陷入的消極舒適區，你是否習慣於相信關於自己的負面想法？一旦找出癥結點，請努力走出那個舒適區，即使這樣做會讓你痛苦。

- 如果你發現自己在自我監控，請在心中放置一個停止標誌，然後轉換焦點，將注意力集中在週遭發生的事情上。

一旦開始掌握內心聲音的鎮靜力，開始以更正面的方式對自己說話，就會發現，當你與其他人交談時會變得更加冷靜和自信。請記住，我們的外在聲音源自於我們內心的聲音，因此，讓我們繼續進入下一章：「鎮靜力的外在聲音」。

客戶的故事

漢娜害怕與他人交流，因為她也無法與自己交流。她的自我對話既焦慮又無助：「我做不到，我的腦袋一片空白，我聽起來會很蠢。如果他們問我一些我不知道的問題該怎麼辦？萬一我講不出這些話怎麼辦？上次簡直是一場災難，我完全不會說話，聽起來像個白痴，我只想逃跑，甚至討厭自己有這種感覺。」這是漢娜在任何電話會議或工作會議前的自我對話，然後身體部分會開始產生反應，她的心臟加速跳動，感到頭暈目眩，接著情緒崩潰。

依據漢娜的觀察，這就是她過去二十年來自我對話的方式，她每天都很焦慮，從她的想法開始，隨著與他人交流的時刻越來越接近，她的思緒會滾雪球變成全面的身體反應。在她真正害怕的那一刻到來之前，她早就死了一千次。漢娜會遲遲不願準備任何談話、會議或簡報，因為即使是準備也會產生焦慮，讓她想像到災難和失敗。對於漢娜來說，這是個惡性循環，也是一個自我實現的預言。

當她來找我時，狀況已經很嚴重了。「好吧，當我只是想透過電子郵件做自我介紹時，新上任的執行副總裁令我陷入一個前所未有的困境，現在她想和我進行一場視訊會議來了解我的角色。我在打招呼時就會搞砸一切！我的胃糾結成一團，以至於我想取消，但為時已晚。我肯定會留下不好的第一印象，我的角色沒那麼重要，我的表現不夠好，她可能想讓我離開團隊。我的身心完全一團亂！」實際上，漢娜的新執行副總裁只是想藉由自我介紹的電話來了解她，但漢娜將電話的效應擴大為她職業生涯的生死關頭。

經過幾個星期的電話課程，漢娜和我制定了一個計畫，最後終於有了突破。我要求漢娜寫下她喜歡自己哪些部分的清單，接下來，我讓她編輯一份清單，列出她在工作中的所有成就、技能以及她知道自己擅長的事情。我們集思廣益，想出她可以用三個增強自信的詞彙來指導自己，以保持她自我對話的積極性。等到為重要會議做準備的時候，我們安排了一個額外的電話課程，以便在週日清晨進行心理準備。漢娜的壓力很大，從她的言談中我可以感覺到，她想要把週一電話會議的大綱準備推遲到週日晚上，或者甚至可能在週一清晨。

「漢娜，如果妳已經完成了我們為這次電話會議所做的所有準備，便能夠享受妳的週日並邁向週一，妳知道自己會變得多麼平靜和放鬆嗎？」我問。

「那樣太棒了，但我知道自己今天會先做很多其他的事情來避免焦慮。」她回答道。

「所以就在此時此地，漢娜，在妳寫完大綱之前，我會在電話中一直陪著妳。」

接下來的一個半小時，我們研究了她想與副總裁分享的所有內容，以及潛在問題的答案；這是漢娜第一次在週日上午十點三十分就準備好迎接週一上午十點的電話。這種感覺很好，她沒有在週日剩下的時間裡窮擔心，因為拖延而過分怪罪自己；當她入睡時，她會更加放鬆，能夠專注於她想要發生的事情，而不是擔心第二天會發生什麼；當她感到焦慮時，她會回顧她的大綱；當內心的批評者介入時，她的內心教練會表示：「遵循妳的計畫。」

那通電話進行得很順利。「我不敢相信我會這麼説，」漢娜報告道，「但今天的會議進展得很順利，我的大腦並沒有凍結起來，對話流暢，而且開始感覺更自然，沒有那麼強迫的感覺。我很難得見到自己真的能做到這一點，但確實比我預期的還要更好。」為了改變二十年來消極的自我對話，漢娜還有很多工作要做，但她剛剛獲得了一些她所需要的鎮靜力。

內心聲音的反思

列出你所陳述的三個消極自我對話，以及如何更積極地改寫：

列出你認為可能已成為消極舒適區的三件事：

注釋

1 羅勃特・清崎（Robert Kiyosaki）是出生於夏威夷的第四代日裔美國人，曾創辦一家國際教育公司，到一九九四年，四十七歲的清崎賣掉公司，實現財務自由。退休後出版了《富爸爸，窮爸爸》等系列叢書，在全球售出超過四千萬冊。

2 《伊甸園東》（*East of Eden*）描寫兩個家族從南北戰爭到第一次世界大戰時期長達半個世紀的故事，以隱喻的手法，深刻探討了善與惡的問題。而小說名稱「伊甸之東」是借用了《聖經》中該隱殺死亞伯之後，遷居伊甸園之東的典故。

3 約翰・史坦貝克（John Steinbeck）是二十世紀的美國作家，一九六二年度的諾貝爾文學獎得主。其主要代表作有《憤怒的葡萄》、《伊甸之東》和《人鼠之間》等。

第10章 鎮靜力的外在聲音

「當你一生都在聽別人的話時，你需要鼓足勇氣去關注自己的聲音。」

——無名氏

這是莉莉身為幸福教練的第一次重大活動，在擁擠的舞廳裡向陌生的群眾宣傳她的新書。身為電視名人的妻子，她還沒有靠自己的能力闖出名號，她覺得大家來這裡都是為了看「名人娶的那個女人」，她深深覺得自己是靠著丈夫的關係，儘管她本身有很多的專業知識可以貢獻給大家。

「現在，如果各位可以看一下這張投影片，它將會向你們展示一種關注自己健康的重要方法。」莉莉用一種猶豫不決的平淡語調和幾乎聽不見的音量講解，與叮噹作響的銀器和越來越熱烈的聊天聲相互較勁，觀眾沒有注意她本人或她的演講，麥克風無法將她輕柔的聲音傳遍整個空間。大約十五分鐘後，觀眾完全厭倦了努力聽她說話，此時彷彿看見一股能量波往四周散去，而每一桌開始築起他們自己的談話圈，把莉莉拒之門外。

當莉莉與排隊請她簽書的參與者見面時，剛開始很順利；但是到了她上臺的時候，她喉嚨裡的微弱聲音以及腦海裡的細小聲音，根本就不是那個大舞廳裡眾多觀眾的對手，她在臺上幾乎快死掉了，我覺得我是少數目睹她的存在感逐漸消失的人之一。

突然間，莉莉的助手跑上臺，把她拉出門外，觀眾甚至沒有察覺到她已經停止說話；我穿過房間跟著莉莉來到大廳，把我的名片遞給了她。

莉莉和我耗費了幾個月的時間來剖析她的內在和外在聲音，莉莉開始重拾自己的專業知識，不再將自己和她的目標以及丈夫的名聲進行比較，她不再懷疑自己口中說的每一個字，更能控制自我對話，現在說話時充滿了信念、積極和熱情。

隨著信心大增，她的音量也提高了，她知道自己有想要表達的事物，而且對她的聽眾而言很有價值。莉莉現在用她的聲音指揮著全場：「如果你想要由內而外提升自己的身心狀態，這裡有五種食物你永遠不應該再吃！」在她的下一場演講中，觀眾被她冷靜且自信的聲音所吸引，並渴望向她學習。

你身體的麥克風

你的聲音可以透露你是什麼樣的人嗎？人們想聽你說話嗎？你想聽自己說話嗎？我們藉由運用自己聲音的方式告訴全世界我們對自己的看法，它是我們身體的麥克風，我們的聲音是我們自己的專屬播報員。你說話輕聲細語嗎？音調偏高嗎？你的聲音帶有鼻音還是略微沙啞？你講話快還是慢？講到最後聲調會變得很尖銳嗎？你的聲音會隨著你說話的時間越來越長而變得越來越緊湊，還是你會含糊不清或喃喃自語？你可以學習如何使用你的專屬麥克風讓別人聽到你的聲音、說出你的想法、宣揚你的信念、掌控全場焦點。

如何冷靜且自信地展現聲音

◉接納自己的聲音

當我聽到人們說他們討厭自己的聲音時，我感到很錯愕，就好像說他們討厭自己的視力或討厭他們的聽力一樣！我們需要了解自己在別人耳中聽起來的聲音，這樣我們才能掌控並培養我們想要向全世界傳播的聲音。使用錄音機或攝影機錄下正常的對話和簡短的演講，接著一遍又一遍地播放，直到你的聲音聽起來再也不陌生。

◉用腹部說話

許多人用「上部」說話——從鼻子（鼻音）、喉嚨（高音）或胸部（低沉），但是當你從丹田發聲時，你會得到一個強大的聲音發射臺，它更飽滿、更深、更豐富，而且傳播得更遠。

從你的腹部呼吸，在第六章「鎮靜力的工具」中，我們學習了鎮靜力的呼吸工具，我們可以在壓力大、緊張或匆忙時使用它，由於我們在這些時候傾向於進行淺層呼吸，這種呼吸使我們聽起來有壓力、緊張和匆忙。觀察嬰兒呼吸的時候，你會看到他們整個肚子像氣球一樣被填滿並再次吐氣；大多數成年人失去了這種能力，實在很可惜，因為它可以讓你平靜下來，控制你的心率，並幫助你更清晰地思考，甚至為你提供主導全場的強大聲音。

◉在咖啡店排隊時暢談

在一天當中無論你走到哪裡，開始練習用直接、愉悅、堅定的聲音強而有力地說話。當你在沒有壓力的情況下開始這樣做時，就能試試水溫並享受它，只要在日常互動中越來越適應，在發表演說、接受採訪、處理對峙和談判等高壓情況下，掌控自己的聲音就會越發自然，你會相信從自己嘴裡發出的聲音，你會確實知曉它的力量以及如何使用它。

◉當你站在一群人面前時，對著全場最後面的人說話

如果你專注於確保離得最遠的人能聽到你的聲音，那麼你將確定在場的每個人都能清楚地聽到你的聲音。不要讓人們很難聽到你的聲音，他們不想那麼吃力地聽你說話，否則他們會對你置之不理。

◉不要囫圇吞棗、含糊不清或喃喃自語

如果你張開嘴巴想要說些什麼，那就暢所欲言吧！一家全國性電視臺請求我協助其中一位主持人，因為他在娛樂新聞報導中插入評論時說話過於低調，他擁有喜劇背景，會發表一些睿智有趣的評論，但當他做出評論時，他講這些內容的語調比其他新聞更輕柔，好像有點太過隨意，許多時候，觀眾會錯過他講的話，甚至被製作人無視，這種情況讓他們不知如何是好。

和他一起工作後，我了解到他不是百分之百肯定自己的評論，對於這些內容是否真的夠好笑，他也抱持著懷疑的態度，所以他沒有全然地表達這些評論，也無法暢所欲言。當人們像這樣懷疑自己時，聲音就會暴露出這些心態。

你自己的觀點、個人幽默感或觀察無法取悅所有人，這樣也沒關係。你必須想辦法讓自己對事物的看法感到滿意，並願意把想法完整地宣揚出去，不管每個人是否在笑，

或者是否認同你，只要支持我們自己的判斷。人們傾向於追隨自我方向感明確的人，這同樣適用於你的對話、表現、評論和對自己觀點的信心。

◉享受你的嗓音

一旦了解自己的聲音，你就可以開始喜歡你的聲音——甚至愛上你的聲音。這就像人們在做瑜伽、健身、伸展、控制呼吸或冥想時所做的那樣，與你的身體產生連結，當你與自己的身體協調一致時，你可以欣賞它的健康、美麗和能力。你的聲音也是如此，當你努力了解這個令人讚嘆的溝通設備時，你可以培養它，掌握它，並且以許多美妙的方式使用它。

◉找到你聲音的靈魂（S-P-I-R-I-T）

熱情是點燃演說家效率的火花，但感覺到熱情和聽起來熱情是兩件截然不同的事情，真正的差別在於活力，這是關於你話語背後的氛圍、感覺和生活，你必須連接聲音的靈魂（S-P-I-R-I-T）：

忘我（Selflessness）：當你對一個群體、一個人或一個鏡頭說話時，你必須是忘我的，必須更加關注接收端的人，而不是關注自己。在 Laugh.com 網站喜劇錄音系列傑瑞・史菲德（Jerry Seinfeld）的喜劇節目中，這位喜劇演員被問到當他主持單口喜劇時，是如何在舞臺上找到他的自信，他說這一切都歸因於對觀眾的喜愛，他說：「想辦法喜愛那些人們。」用某種方式站在他們的立場，成為他們當中的一員。我發現這其實就是要具備服務他人的精神，提供對方可從中受益的有價之物。

熱情（Passion）：對你所講的內容懷抱堅定的信念。熱情具有感染力和鼓舞性，如果連你都不相信自己說的話，那你就絕對不可能說服其他人。

興趣（Interest）：對你正在交談的人或人們產生真正的興趣。許多人純粹基於薪水、義務或禮貌而採取作為，請培養對與你交流的人產生興趣。

關聯（Relate）：你充分了解與你交談的聽眾或人，能夠與他們建立關係嗎？你知道他們的需求嗎？你知道他們的經歷嗎？如果你無法與他們產生關聯，他們就不會與你建立任何關係。

意圖（Intention）：擁有強烈的教育、娛樂、告知、啟發、激勵或幫助他人的強烈渴望。

信任（Trust）：你不僅要努力贏得與你交談的個人或聽眾的信任，你還必須相信自己，你必須學會相信你腦袋裡的聲音，這樣你才能相信從你嘴裡發出的聲音。

◉增加你聲音的深度（D-E-P-T-H）

單刀直入（Be Direct）：抓住重點，直奔主題。貫徹思考並以明確的方式說話——表明你知道自己的觀點是什麼，你明白自己想說什麼，以及你了解自己正在追尋的最終結果。原原本本地說出來，清楚、簡潔且不要拐彎抹角。

投入（Be Engaging）：當你與另一個人交談時，專注於此時此刻，以互相理解為目標，致力與你交談的人產生關聯、建立融洽關係並找到共通點。

控制音調（Pitch）：注意你聲音的音調；尋求以一種更沉穩悅耳的音調說話，而不是嘶啞、尖聲的語調。

調整節奏（Tempo）：速度是緊張的指標，語速快的人總是被認為緊張或企圖快速帶過某件事情，有些人似乎沒有換氣，我們無法消化他們在說什麼。把你的聲音想像成一種樂器，瘋狂的節奏會給人明確的既定印象，輕鬆的節奏也能發揮相同的功能。

人性化（Be Human）：尋求以平易近人、真實、閒談的方式說話。

◉降低你的音調

大多數時候，我們說話時往往會隨著持續講話而音調升高；如果我們充滿壓力、情緒激動、急急忙忙或試圖在短時間內給予太多資訊時，情況尤其如此。當我們刻意努力使聲音低沉時，我們聽起來會更加沉著和值得信賴，其中一個特別有效的策略就是每次開啟一個新句子時降低你的聲調，這對女性來說更有成效，因為她們在演講或對話過程中往往會以高音結束。

我有個好朋友曾在百老匯擔任聲樂教練，他建議一遍又一遍地說「心情（mood）」這個詞，來幫助控制聲音的深度。剛開始你可能覺得自己聽起來像一頭牛，但這個確實有效。當你用mood發音時，你會感到你的胃部肌肉融入其中，並感覺這個詞從喉嚨後方的較低位置傳過來，它會打開你的喉嚨後方，協助打開通往腹部的通道。

◉增加你的音量

當你用響亮而清晰的音量說話時，在別人眼中你會顯得沒那麼緊張。當你一直拖延說話時，就會越來越難開口。

當我教授團體課程時，團體中的每個人都知道最終會輪到他們站起來在教室前面講話；然而，當我召集志願者時，整個教室會安靜到讓你聽見蟋蟀的聲音。我向他們解釋，他們等待的時間越長，就會越難踏出第一步，焦慮會產生，自我懷疑會建立，他們甚至在離開座位之前就會死了一千次。我喜歡拿出裝滿水的瓶子，讓他們每個人都伸直手臂拿著一個，一開始很容易，畢竟一個水瓶並不重，但幾分鐘後，水瓶會開始變重，非常沉重，不到幾分鐘後，它甚至可能彷彿一個重達一百磅的槓鈴。我向他們闡明，當他們遲遲不願從座位起身時，心理層面就會發生這種情況，他們最終會陷入動彈不得或焦慮不安。

◉活用身體

你運用身體的方式對你的聲音影響甚鉅。在我的表演生涯中，我曾經有幸為廣告、電影和電視節目錄製旁白，正如我的配音員同事所證明的那樣，在進行這種類型的錄音時，最好站起來。在配音的過程中，為了協助講述故事、幫助創造正確的能量以及幫助你的呼吸，使用身體和手勢來輔助非常重要。

當我們坐著或無精打采時，橫膈膜會壓縮我們的聲音，而壓縮的位置就是當你進行仰臥起坐運動時軀幹緊繃的地方。當我在電話諮詢中指導我的客戶要想做到最好，我總是建議他們站著而不是坐著，這樣他們便能更有活力、全神貫注並擁有更強大的聲音質量。

裝扮自己身體的方式也會影響你的聲音。當你穿著運動褲或睡衣時，你在電話訪談中的聲音聽起來會不同於你穿著西裝或其他職業穿著時的聲音，你的衣服會影響你的態度和活力。你施展身體或「阻擋」身體的方式也會影響你充分發揮聲音的能力。

當我與在鏡頭前站著的電視臺客戶一起工作時，當他們交叉雙臂、握緊雙手或把手塞進口袋時，他們的聲音就不太能有效發揮。人們需要手勢來協助說出詞彙並幫助他們流暢地表達，當有人在站立時交叉腳踝或手臂，或者他們開始踱步或原地搖晃時，你甚至可以聽出差異並感受到不同的能量。

當你想要給人留下深刻印象時，請銘記以下三個重點：

- 展現愉悅。
- 展現魅力。
- 展現熱情。

若想成為一個有效的溝通者，請避免這些令人掃興的聲音：

- 說話過於輕柔。
- 說話單調。
- 用尖銳的音調說話。
- 說話含糊。
- 從你的嘴邊說出來。
- 用唱歌的方式說話。
- 講話速度過快。

- 大聲講話。
- 聽起來嘶啞。
- 鼻音過重。
- 咬牙切齒地說話。
- 不假思索地脫口而出。
- 使用諸如嗯、啊、然後、大概之類的填充字（我們將在第十四章「公開演講的鎮靜力」中更深入探討）。
- 使用諸如「老實說」和「事實上」之類的填充詞。

◉避免清喉嚨

有很多情況讓你覺得自己必須清清喉嚨，但在公共場合、鏡頭前、會議期間或透過電話發言時，清喉嚨會傳達錯誤的訊息，讓你聽起來很緊張、不確定、毫無準備，甚至不值得信任。

清喉嚨的罪魁禍首主要有：

- 過敏。
- 乳製品。

- 食物。
- 咖啡因。
- 壓力／焦慮。
- 喉嚨乾澀。
- 胃酸逆流。
- 抽菸。
- 聲帶緊繃。
- 感冒／病毒。
- 習慣。

假如這些是你清喉嚨的誘因，請確保在下一次演講或會議之前採取額外措施：

- 根據需求服用抗過敏藥或感冒藥。
- 補充水分。
- 避免乳製品。
- 限制咖啡因。
- 刷舌苔。
- 服用抗酸劑。

- 避免在接近活動或會議的時候吃飯。
- 談話前避免抽菸。
- 呵護你的聲帶。
- 在談話之前私下清一清喉嚨。
- 在開始談話之前先含喉片。
- 隨身攜帶開水。

◉在電話中展現鎮靜力

冷靜且自信地透過電話溝通比以往任何時候都更加重要，當你打電話時，其他人看不到你，除非你採用視訊通話。除了聲音，他們無法藉由其他方式對你做出任何判斷或結論。很多時候，電話可能是你與日後將親自見面的人的第一次聯繫，但現在你的聲音就是他們是否要繼續進行下去的全部資訊，這是一個重要的第一印象，可以奠定以後的親自會面。透過電話與某個人交談的好處在於，與面對面交談相比，你其實對情況有更多的控制權。以下是你可以運用來冷靜且自信地進行電話溝通的一些做法。

◉確保背景噪音降至最低

沒有什麼比周圍發出響亮或奇怪的噪音更能分散你和電話另一端的人的注意力了。當你知道這通電話很重要時，把電話帶到另一個房間，遠離其他人、機器噪音、揚聲器、對講機、交通噪音、嬰兒、兒童、狗或電鑽！如果你無法控制背景噪音，請不要撥打重要的電話。

◉時間就是一切

試著搞清楚接聽電話的人此時正在做什麼，星期一早上、午餐時間和一天結束的時候通常不是打電話給某人的最佳時機。然而，在工作時間之前或之後打電話給主管通常是一個好時機，因為許多生產力高的人會提早上班且離開得較晚，也不會因辦公室的背景噪音而分心。

◉制定計畫

根據預期的通話結果，決定、計畫並想出一個堅定的開場白和至少兩種結語；一旦對方接起電話並打招呼，沒有什麼比支支吾吾的開場更糟糕的了。你是否曾經因為沒有秉持使用一句開場白而將兩個不同的開場白混淆而吃螺絲？這是舌頭打結的一個極為常見的原因，請決定一句話並堅持下去。

如果你的電話屬於對抗、不舒服或恐懼的類別，請寫一份草稿，準確計畫你想闡述的內容以及你要如何說出來，把它完整地寫出來，然後按照你想要講述的順序條列出來，這樣將會提供給你一個堅實的框架來遵循，而不會聽起來像是在閱讀一張紙。

◉表達堅定

要結束談話時，讓句子聽起來像你已經總結了你的觀點，不要在句子尾端增加你的語調變化（稱為上揚語氣），否則你的聲明聽起來更像是問題，而且給人不確定的感覺。

◉一旦你完成聲明後不要害怕沉默

說出你的部分，提出你的問題，或者陳述你的要求、問題或解決方案，然後等待對方給予回應；如果他們沒有立即回應，不要被迫填補死氣沉沉的氣氛，這樣做會讓你為了尋找更多的詞而結巴，你會聽起來好像需要證明自己剛才說的話，或是你似乎沒有給對方時間思考你剛剛說的話。三秒鐘可能感覺像起來很久，但事實並非如此。

◉不要死氣沉沉

其他人透過電話衡量你只需要大約三秒鐘，他們甚至都不用看到你！所以最好把這件事做好。前幾天，我聽到我丈夫在他的辦公室打電話，想找一家保險公司解決問題，打第一通電話時，他掛斷了電話並說道：「無聊的人。」第二通電話後，他掛掉電話後說：「哇，好棒的女士；她真的很有條理。」

我問他為什麼說第一個人無聊，他表示，首先這傢伙像嘴裡含著彈珠在說話一樣，聲音很小，幾乎聽不見，而且聽起來病懨懨的；第二位是個精力充沛的女人，她說就算她幫不上忙，也一定會找到其他可以幫忙的人。她樂觀而活潑，聽起來很樂於提供幫助。哎呀，我真想知道他們之中哪一個人會在那家公司獲得升遷！

每次我打電話給某個朋友時，她接電話時彷彿她正承受某種病痛的折磨，讓我不禁開口問她：「怎麼了？」她回答道：「沒事。」然後才振作精神，我實在想不通，她沒有意識到打電話給她，聽她說話的語氣是多麼令人沮喪，況且我還是她的朋友！陌生人的第一印象肯定不會好到哪裡去吧？

旁白是你在看不到表演者的廣告、有聲書和紀錄片中聽到演員的描述——你只能聽見他們的聲音。當我第一次訓練自己做旁白時，我無法相信自己需要動用多少臉部表情和身體動作才能使旁白栩栩如生；從事廣播工作的人也是如此，他們需要用自己的聲音、活力和講故事的技巧來創造畫面；所以，在電話中也是一樣的。

當你通電話時展現微笑，它會改變你的整個表達方式和語氣，而且如果你像大笨豬一樣坐在那裡，你聽起來就會像大笨豬。如果你是為你的工作、你自己的公司、甚至在家裡接聽電話，你接電話的方式會奠定這通來電以及人們對你或該公司的感受；假如你還沒有準備好處理特定的來電，那麼讓來電者留下語音訊息，並且在你準備好面對通話時回電給那個人。

我們都必須打電話來嘗試得到我們想要的東西，無論是外送披薩、提高信用額度、呼叫客房服務還是聯繫有線電視公司，只要表現出樂觀、好相處、知道自己想要什麼並感謝他人的幫助的樣子，很容易能讓電話另一端的人想要幫助你，這真的沒那麼複雜，但是很多人聽起來像無聊透頂的人……沒有人會樂於幫助乏味的人！

◉語音信箱的鎮靜力

無論是你留言給他人的方式，還是你發出的訊息給予其他人的感覺，語音信箱都能充分透露出你這個人。

我有個客戶想脫離他工作多年的行銷公司，自己出來創業，他來找我是為了提高他的溝通技巧和鎮靜力，這樣他就可以獨自應對所有的挑戰。我知道他做得到，因為他是目前工作的關鍵人物，經過一番規畫和定位，他如願創辦了自己的公司，一切都有條不紊地進行。有一天下午，我打電話給他確認近況，進入了他的語音信箱，當我聽到他事先錄好的訊息時，我非常震驚於他的聲音變得多麼乏味、單調和沒有魅力；我很了解這個人，知道他是一個出色的人材，一個可以完成工作的人，他是一位積極並擅於解決問題的人，但你永遠不會從他的聲音中得知這一點，這樣會讓第一次打電話到他公司的陌生人留下非常可怕的第一印象。

我和他談論了這件事，請他馬上把訊息改成更愉快、更明亮、更樂於助人的語氣，他確實做出了改變，而且聽起來完全變了一個人，他的聲音感覺樂觀、充滿活力且積極正面，他了解到這樣聽起來有顯著的差異——其他人對這種變化也給予正面的評價，毫無意外地，他的事業如日中天。

我曾經與許多剛從大學畢業的年輕客戶一起工作，並建議他們將對外的語音信箱訊息修改為聽起來更專業和更有活力，因為許多人仍保有像以前大學生搭訕的語氣，聽起來愚蠢且不成熟。當招聘人員和雇主撥打履歷最上方的號碼時，語音信箱的聲音聽起來需要與他們面前履歷上的潛在求職者搭得起來。電子郵件地址也是一樣，取個專業一點的帳號，避免愚蠢的暱稱。這些都是小事，卻能產生明顯的差異。

◉獲取並維護發言權

你有什麼要說的話嗎？光想到在工作、家長會或家庭聚會中加入談話，你的心臟就會劇烈跳動嗎？你是否為了正確的時機等待太久，以至於那個時刻永遠無法到來，而且談話持續進行下去並已經錯過了你想要表達的觀點呢？這裡有一些訣竅可以幫助你更加冷靜且自信地暢所欲言、形成自己的觀點並相信你所說的話都具有價值：

- 別再等待邀請了！許多人認為，如果你有話要分享，你就會說出來，如果你等待正式邀請或鼓勵，機會永遠不會到來。
- 不要成為非蓄意支配的受害者！性格堅強的人、外向者、喜歡聽自己說話的人或者只是純粹興奮的熱情者，甚至往往沒有意識到他們正在主導對話，他們可能不曉得你正在等待一個契機或空檔以輪到你發言。
- 勇往直前、放手一搏！如果有需要的話請閉上眼睛，但是要勇敢地加入對話！當你有話要講時，張開嘴巴，大聲且清楚地說出來。
- 盡量打斷！假如你要說的內容適當且與對話相關，你可以愉快而專業地插入談話。
- 製造自己的存在感。舉起你的手、站起身、將某個物體放在桌上或觸碰說話者的手臂。
- 挑戰插嘴者。如果有人在你終於鼓起勇氣說話時打斷你，不要讓他們得逞，你必須說：「請讓我講完。」或者透過再次觸碰他們的手臂來提醒自己的存在，抑或是像一個十字路口的交通警察一樣，舉起你的手來面對迎面而來的汽車，令人感到愉快且專業，甚至是堅定的。

- 請記住：我們都需要想法，如果你有任何看法，請大聲且清楚地表達出來。
- 避免使用諸如「我可能是錯的，但是……」、「如果我錯了請糾正我」、「我不是這方面的專家，但是……」、「也許這只是我的意見，但是……」和「我不想在這裡得罪任何人，但是……」這類自我貶低的話語，這些開場白都讓你顯得消極，聽起來像你假設或期望其他人會對你所說的話有不好的感想，以這種方式開啟你的對話會大大地減損你要說的話。對於那些只是想避免聽起來像無所不知的人而言，這可能是一種習慣，但這些語句會帶走你當下的力量和自信，請改用這些句子：「我想聽聽你們對這個主意的看法」、「請採納這個想法看看」、「你覺得這個想法如何？」、「從我的角度來看」和「基於我所知的事實，我認為……」，這些會讓你聽起來更有合作精神、思想開放和充滿自信。

當你知道如何運用聲音來表達自己和引起注意時，你的可信度就會大大增加，你的聲音將是你冷靜和自信程度的指標之一。當你努力提高本身聲音的品質、消除不良習慣並開始享受使用聲音與他人聯繫和溝通的方式時，你將更有可能為自己，甚至替身邊無法為自己說話的人發聲。當你擁有充滿鎮靜力的聲音時，人們就會感受得到。

在下一章中，我們轉向探索溝通鎮靜力的相關主題：「鎮靜力的眼神」。

◉外在聲音的反思

列出你喜歡／關於你聲音的三件事：

列出你可以找出自己聲音靈魂（S-P-I-R-I-T）的三個方法：

列出你可以加強自己聲音的深度（D-E-P-T-H）的三個方法：

列出你想要改善或消除的任何令人掃興的聲音或不良習慣：

列出你可以暢所欲言並讓你的聲音被聽到的三種方式：

第11章 眼神中的鎮靜力

「看著對方的眼睛，整個對話就會隨之改變。」

——Kushandwizdom 網站

眼神接觸是件很親密的事，人們能從中看見我們的真面目，讓我們感到脆弱，彷彿對方正審視著我們的靈魂，如果眼神不夠鎮定，可能會很難招架他們的目光。通常在下列的條件下能夠擁有較佳的眼神接觸：

- 你相信自己。
- 你曉得自己想說什麼。
- 你明白自己想要什麼。
- 你對自己感到自在，因此對他人也更加自在。

- 你能多為他人著想，少為自己擔心。
- 你當下很投入且真的在傾聽。
- 你能坦然面對眼神接觸。

當眼睛過於誠實時

對某些人來說，直接的眼神接觸有時太過冒犯，得花點時間才能做得自然。你可以藉由以下方法練習進行更好的眼神交流：

- 看著鏡子，與自己的影像進行眼神交流。
- 觀看 YouTube 影片並利用專為眼神接觸練習而設計的應用程式。
- 盯著廣告照片、社交媒體或網路影像中人像的眼睛。
- 與摯愛和信任的人一起練習，錄下你的練習並事後檢視。
- 在對你而言結果不是很重要的低風險情況下，與陌生人一起練習，例如與收銀員、咖啡師、乾洗店人員或與比你年輕的人互動。
- 將此事設計成一種遊戲，看看每次注視著某個人時，是否可以讓眼神接觸得更久一點。
- 與人打招呼和告別的時候，試著進行短暫的眼神交流。

如果你發現自己會逃避目光接觸：

- 問問自己：「為什麼我現在感到不自在？」
- 對自己發問：「我感到不自在的原因是出在對這個人的感覺，還是對自己的感覺？」
- 致力於主動傾聽並真的嘗試理解對方在說什麼，試著完全放下對自己的關注。
- 請明白你不需要全程保持直接的眼神接觸，朝內、向上或往旁邊看來回顧資訊或消化對方所說的話是很正常的。
- 掃視對方的臉，看看眼睛，然後是眉毛、鼻子和嘴巴。
- 掃視臉部表明你正在主動傾聽並從這個人的非語言暗示中收集意義。
- 點點頭，把頭歪向一邊，以表明你理解他們在說什麼，並且完全沉浸於與他們相處的時刻。
- 保持抬頭挺胸，這樣就不容易低頭或轉移視線。

有意義的眼神交流

眼神交會與否，可以告訴對方我們對他們的許多感受，以及我們對自己的觀感。當我們可以直視另一人，與之產生真實的連結時，就有機會建立信任和理解；當我們無法直視他人的雙眼，就會造成實際的隔閡。

當我們很努力去觀察對方時，就會發生有意義的眼神交流，不僅看著他們，還能同理他們，這種差別會使人感到自己很重要、與他人有所連結，並且受到尊重。對方會覺得自己是我們的焦點所在、被我們放在第一位，在那一刻與他們建立關係比其他任何事都來得重要。

當我們進行有意義的眼神交流時，同時也讓別人觀察我們。

- 我們對他們表示接納。
- 對方會覺得我們平易近人、容易理解且真心誠意。
- 不再是表面上的互動、虛假的表象或處處防衛的溝通。

當然，只有當我們打算真的與人建立關係並成為更好的溝通者時，這一切才會成立。有時我們根本不允許其他人進行這種接觸，很可惜的是，許多人一直採取迴避模式作為一種保護機制，他們也因此錯過了很多機會。

掃興的眼神接觸

◉像跟蹤狂一樣的凝視

如果使用過當，有意義的眼神接觸會變得過於熱切，因此一定要避免「跟蹤狂的凝視」，像雷射光那樣聚焦在另一個人的眼睛，短時間內還不會不舒服，但久了雙方都會需要休息一下。

當我們處理資訊或在腦中進行思考時，我們需要看著心智之眼，因此我們在掃描自己的思想時會向上或向下看，這是正常的，不意外；當有人沒這樣做並直視我們時，我們會開始覺得對方咄咄逼人或令人毛骨悚然。所以一定要挪開目光去思索、考慮、整理思緒，這樣你就可以稍微中斷直接的目光接觸，最適當的時間長度是兩到五秒鐘，每次保持兩到五秒鐘的眼神交流，雙方都能感到自在，不到兩秒感覺像是快速閃避，而超過五秒對方就會開始覺得太久了。

然而，跟蹤狂的凝視確實有某些作用。你可以用它來堅守立場，讓別人知道你是認真的；它也可以用來恐嚇、操縱和讓人打消他們的算計，但如果你沒有這樣的意圖，請小心，跟蹤者的凝視也會讓人覺得你有點精神不正常。

我曾受雇指導一位非常熱情和才華橫溢的音樂家，他得學會怎麼讀提詞機，以應付即將主持的電視娛樂活動。他很不想參加指導課程，是他的成員覺得他需要接受指導；他不情願地參與我們的會面，一屁股坐在我的對面，用他陰沉的眼神死盯著我，甚至連眼睛都沒眨。他沒興趣營造和諧的氛圍，讓我輕鬆完成這個課程。他故意表現成一個棘手的個案，而且他只靠眼神就做到了。他的眼神彷彿在說：「讓我看看你有什麼本事，然後讓我們結束這一切。」

他強烈而持久的眼神接觸讓我有點措手不及，我甚至想到他可能情緒不穩或正被什麼事情所困，但我沒有退縮，我決定專注於我被請來進行的工作。

他需要幫助，而我知道自己所擁有的東西，所以我只是做我份內該做的事，忽略他的所作所為，用我的方式給予舒適的眼神交流。儘管他對我很無禮，但我還是禮貌地與他交談，進行一對一溝通，示範給他看，要怎麼在鏡頭前表現得更好。結果他那冰冷的眼神竟慢慢融化，開始回應我的溝通。課程結束時，他甚至還在離開教室前給了我一個擁抱。

◉眼神左右飄移不定

當一個人的眼睛經常左右飄移時，通常意味著有什麼事情發生了。當我指導人們直視鏡頭時，我告訴他們可以上下掃視一下，但是，如果他們在鏡頭前向左或向右掃視，馬上就會顯得他們緊張、不確定、不舒服或者太在意他人，當一個人不在鏡頭前時也是如此。飄移的眼神會讓你看起來很狡猾——迴避、不可信和不誠實。眼神飄忽不定意味著你專注於其他事情，而不是與你講話的人，所以與人交談時盡量不要眼神飄移！

◉鎖定雙眼

有些人認為，在跟某人交談時，最好死盯著對方的眼睛，我搞不懂這是什麼道理。如果你開始盯著對方的眼球，你就根本就沒在注視那個人！為了確保對話進行，我必須掃視對方的臉以尋找線索和關聯，如果我死盯著對方的眼睛看，那麼我只是在與眼球交流，這簡直是本末倒置。我們需要掃視他人的臉部表情以尋找線索和細微的動靜，注意眉毛、鼻子、嘴巴和整個臉部，全面了解對方的想法和感受，當你注視對方的臉和雙眼時，得到的線索才會是最多的，還會讓你看起來全神貫注和討人喜歡，而不會讓自己或對方感到尷尬或不舒服。

◉貴賓般的眼神交流

你是否曾經在聚會上與某人交談時，注意到他們正在左顧右盼，看看還有誰在場？他們的眼睛基本上已經向你透露，他們只是還沒找到更好的對象，所以才會在這裡跟你說話。這是很多人都會犯的重大失誤，尤其是在社交活動中。真正厲害的溝通者會充分運用每時每刻，他們有能力讓與他們交談的人覺得自己是那個空間裡最重要的人；跟處理其他任何事情一樣，重點在於質量，而不是數量。如果你能充分地專注於當下，只要認真地與一個人相處幾分鐘，實際上你就有更多時間與在場的其他人交談，而且他們都會覺得你認可並真心在乎他們。

◉選擇性眼神接觸

不久前，我和丈夫去挑選一輛新車，與業務員見面時，儘管我們告訴他是我要買車，但他繼續選擇性地與我丈夫進行眼神交流，實在令人氣憤。也許他和另一個男人交談感到更自在，也或許他不想給人一種好像他的注意力全在我身上的感覺（我丈夫的身高超過一百九十公分，僅從他的體型來看可能有點嚇人），不管是什麼原因，這個情況都告訴我，這個人不是個優秀的業務員。他沒有明白一件事實，如果他不能直接和我說話，他至少應該在我們之間平均分配他的目光接觸，這不過是一種常識。我不喜歡他，因為他沒有把我們兩人都納入他的眼神交流中，他失去了我的信任，也丟掉了這筆業績。

拒絕眼神交流也是一種策略，它會讓對方感覺自己好像不是很重要，你沒有給予他們全部的關注，或是你在排擠他們。在鳥群中也有同樣的情形。多年來，我和丈夫養了一隻名字叫札卡里的藍黃金剛鸚鵡寵物，我們與一位曾經訓練一九七〇年代電視劇《巴雷塔》（*Baretta*）中著名鳳頭鸚鵡的馴鳥師合作，她告訴我們，每當札卡里做了我們不希望牠做的事情時，比如咬人或尖叫，我們都要靠近籠子，然後轉身背對牠並聳起肩膀。顯然這就是野外的鸚鵡互相斥責或表示不贊成的做法，這樣確實有效！

我與客戶合作的很多工作都涉及創造這種連結。當我指導人們怎麼在電視上直接透過鏡頭與觀眾交談時，一開始會發生各種奇怪的現象，人們不知道該往哪邊看，他們的眼睛四處張望且呆滯無神，或是眼神死氣沉沉的。當他們第一次嘗試看提詞機時，眼睛通常會失去所有的情感，只剩下如同擋風玻璃雨刷般機械式的掃視動作。

這一切都是因為他們試圖與一大塊金屬而非一個人交流，他們只是盯著攝影機鏡頭的黑洞，或是閱讀黑色螢幕上催眠般滾動的白色文字，根本沒有建立任何人際交流，而眼神會立即告訴我們這一點。

只要我讓客戶想像他們正在與之交談的人，透過鏡頭看著他們，經由提詞機，並設身處地傾聽他們，事情就開始發生變化。這必須是一對一的對話，如果你想像自己正在向一個無生命的物體或一群面無表情的陌生人講話時，想想你臉上的表情會是什麼樣子；如果你想像自己正在跟朋友對話，表情看起來會有多麼不同？肯定有巨人的差異。只要人們了解這個道理，他們的表情就會在我眼前出現轉變。

當我指導人們進行公開演講時，情況也很相似。當演講者在一個擠滿人的空間裡或在舞臺上凝視著人山人海時，如果他們只是將觀眾視為一個群體，眼神也會一樣空洞。一旦他們真的與房間內人們的眼睛一對一地建立連結，情勢馬上就不同了。這種連結起初可能會令人懼怕，因為人們會感到赤裸且脆弱。

◉高科技帶來的目光問題

如今，科技奪走了許多的目光接觸。我是在和一位公共關係主管一起在全國各地旅行時第一次意識到這件事。他負責監督我作為發言人的全國媒體巡迴演出。我們對彼此的認識不深但處得還不錯，一起用餐和共乘計程車是我們能夠了解彼此的絕佳機會。

因為高科技而出現的眼神問題出現了。每次我們在餐廳坐下來吃飯時，這個人都無法將目光從手機上移開，在我們的談話中，她經常檢查自己的電子郵件和語音訊息。基本上，我好像和某個人坐在一起，卻是獨自吃飯，如果沒有轉移她的注意力，她甚至無法在一個小時內用完餐，這樣是很難看且失禮的。也許她對我或巡演沒那麼感興趣吧，不過一個優秀的公關人員，應該不至於連裝假一下都不行。

除了思考和細想他們所說的話之外，讓你從另一個人的臉上移開視線都不是件好事，不停地查看手機、看著電腦螢幕、看著指甲、從夾克上移除棉絮或者做任何不適合談話的事情，通通都在告訴對方，你就是不太喜歡他們，或者你其實寧願去別的地方，雖然這可能是真的，但這種溝通方式既不明智也不禮貌。

人們會永遠記得你給他們的感受，如果你能夠讓跟你交談的每個人在那段時間內都覺得自己是現場最重要的人，那麼你將建立一群欣賞你和感謝你貢獻時間的人。

◉分心

蘇・席蘭伯格（Sue Shellenbarger）在二〇一三年五月的《華爾街日報》文章「眼神接觸的消逝」中寫道，缺乏眼神接觸逐漸成為科技、遠距工作環境和多重任務處理的一個龐大問題，這也是各級學校教育中的一個嚴重問題，學生在課堂上關注的是手機而不是老師，這麼做也很無禮。

人們不斷檢查他們的個人科技裝置，查看簡訊、社交媒體、新聞和體育、購物、照片和其他令人分心的事物，這就像父母過去常常對孩子的活動或聚會的每一分鐘進行錄影，但是由於忙於記錄而沒有真正地投入當下。

在現今遠距工作環境占有優勢的情況下，人們錯失了眼神接觸的機會，即使他們是藉由衛星或視訊電話來傳送影像，也不是直接的眼神交流——他們不是盯著相機的黑色玻璃鏡頭，就是看著一個小型針孔，這是阻礙實際聯繫的障礙。

不幸的是，不同世代的人們已經逐漸被社會同化，人們會不斷地檢視手機以防錯過任何事物，或者當他們感到無聊時便尋找其他社交刺激。

發表在《電腦對人類行為的影響》（*Computers in Human Behavior*）期刊上的一項研究顯示，對自己的生活或人際關係感到不滿的年輕人更有可能檢查他們的手機，檢視自己可能錯過了什麼，無論是在用餐期間還是與朋友和家人共度美好時光。

年輕一代並沒有完全了解眼神接觸的重要性。最優秀的溝通者知道他們需要依照不同的人作出調整和改變，當二十多歲的人與四十或五十多歲的人互動時，他們可能不曉得科技干擾沒有像在他們同儕之間那樣被廣為接受，他們可能被視為無禮、不成熟和缺乏社交常識。領導者或負責人往往比非領導者進行更長時間的目光接觸。

在私人關係中的行為模式可能無法適用於你的職場關係，也許你的朋友和家人不在乎你在和他們閒逛時一直看手機，但在工作中會採用完全不同的規則，尤其是在你和不同世代的人一起工作的情況下。

舉例來說，在面對客戶的兩個小時課程，我覺得我根本不應該一直看手機，因為他們是付錢來獲取我整整兩個小時的注意力。如果在那段時間我覺得有什麼事情必須確認，我只會在他們閱讀劇本或筆記時才去做，而且在他們對著鏡頭進行展示或表演之前。

我想確保自己只是在他們很忙碌且暫時不需要我注意的情況下為自己做其他事情，然而，我甚至對此猶豫不決，因為當我需要全神貫注在客戶身上時，我可能會想到自己剛剛在手機上閱讀或看到的內容。當我陪兒子寫作業或在我們的私人時間與他共度時光時，我也盡量不看手機。

健全的眼神接觸

人類需要眼神交流，我們的眼神會影響我們話中的含義，就像我們表達這些話的聲音變化可以改變它們的含義一樣。我希望你做個實驗，在一天的時間內不要與任何人進行眼神交流，嘗試看看。無論去到哪裡，無論你在做什麼，都不要與任何地方的任何人產生目光接觸；你會開始覺得自己是地球上最後一個人，你會開始感到有點壓力，對自己沒有信心。測試一天就好，我敢打賭你撐不過二十四小時。這個與凝視比賽完全相反，但是難度更高，因為它會開始影響你對自己的感覺。

根據設立於德州的一家溝通分析顧問公司量化印象（Quantified Impressions）的說法，在典型的成人對話中，人們有百分之三十至六十的時間進行眼神交流，但百分之六十至七十的對話都應該進行眼神交流，才能建立情感上的聯繫；由於我們大多數的決定都是基於情感，這是一個很顯著的差距。就像擁抱或身體接觸一樣，眼神接觸對於情緒健康很重要，人類在相互連結中茁壯成長——感覺就像他們被看到和聽到一樣，我們擁有五種感官絕對是有原因的。

兒童可能不常進行良好的眼神交流，這或許是因為他們不成熟、害羞、緊張、想要分心，或者沒人教導他們這是良好舉止和重視注意力技巧的一部分；但是當他們處於事物的接收端時，他們似乎知道當成年人沒有看著他們時，他們肯定沒有得到成年人全部的注意力。

我丈夫和我努力教育我們的兒子與成年人和老師進行眼神交流的重要性，當然，當我們從人們那裡得到關於他參與程度的迴響，而許多與他同齡的小孩卻沒有時，我們會感到欣喜若狂。

直到有一天，當我正在用筆電工作，而他試圖跟我說話時，我們的兒子讓我嘗到了「以其人之道，還治其人之身」的滋味，我回他：「我有在聽啊！」但卻繼續我的工作，他說：「不，媽媽，妳的眼睛沒有在聽我說話！」天啊，這竟然發生在我身上，他是對的，我沒有全神貫注於他，而他戳破了我的謊言。

◉平等機會的目光接觸

關鍵在於跟每位聽你講話的人進行眼神交流，尤其是在一個團體之中，不管你是給十個人還是一千個人做簡報或演講，每個人都想感受到你在對著他們講話。想想看，觀眾並非以一個群體接收你的資訊，觀眾中的每一位成員都是作為一個個體在傾聽和吸收，思考你的資訊對他們以及他們的工作或生活有什麼樣的意義。因此，對著全場或團體講話的時候，不要將任何人排除在外！與一個人交談一會兒，然後看向另一個人並與他們聊天一會兒，以此類推。這樣會促成很多事情：它會幫助你與觀眾建立更好的連結，他們會覺得你真的在和他們說話而不是在對著所有人講話，而且你會突然覺得你不再是置身於超級聚光燈或顯微鏡下，純粹對著一大群陌生人說話。

當我教授團體課程時，我知道有十二到十五個人試圖從我們每週兩個小時的課程取得最大的收穫，請記住，我還專為許多私人客戶教授兩小時一對一課程，整整兩個小時都集中在他們的需求上，可是這在團體中是不可能的。因此，我努力盡我所能模擬這種個人關注：透過與團體中的每個人建立連結，並在我的演講部分和每次練習之後，與每個人進行直接的眼神接觸，我的目標是給每位參與者同等的時間、同等的關注和同等的眼神交流。那些在教室內個性不夠突出、不夠大膽的人都很喜歡這一點。（許多老師更關注他們外向的學生。）

現在我們已經學會讓眼神具有鎮靜力，是時候了解我們如何更有信心地透過臉部非語言技能進行溝通——我們的旅程即將進入下一章：「臉部的鎮靜力」。

懂得如何運用鎮靜力的眼神可以提升冷靜的溝通技巧是因為：

- 有助於情感健康，並讓你充分融入當下。
- 讓你和你周圍的人感到舒適自在，進而建立信任。

懂得如何運用鎮靜力的眼神可以提升自信的溝通技巧是因為：

- 讓你在別人面前顯得更加自信。
- 向他人展現他們擁有你全部的注意力、興趣和尊重。

客戶的故事

「當我與某人交談時，我完全不知道該往哪裡看。我不想承認，但這幾乎讓我感到無所遁形，當我看著另一個人的眼睛時，我會感到尷尬和緊張。」卡爾描述道。與人眼神接觸總是令他感到不舒服，他向來不喜歡出現在聚光燈下，也不是個很能閒聊的人。

如今這點正影響著他工作上的關係，有些同事覺得他很傲慢，都不願意給予他們充分的關注，有一些則認為他不誠實或不可靠；可憐的卡爾完全不是這個樣子，他的感受正好相反：脆弱、焦慮、不確定自己與人溝通和連結的能力。

卡爾非常擅長他的工作——當他閉門造車且獨自一人的時候，他的工作成果非常出色，以至於有望成為公司的合夥人，但由於無法進行眼神交流，導致其他合夥人猶豫是否要選擇他。其他合夥人不斷告訴卡爾「只要看著人們的眼睛就好」，但是根本沒那麼容易，卡爾需要幫助。

「我不知道自己看起來是那樣。」當我播放記錄他說話的影片時，卡爾如此說道，這樣他就可以親眼看到自己如何與其他人交流。「我看起來興趣缺缺，而且異常緊張。」

在卡爾經歷了一些眼神交流的練習後，我再次替他錄影，並與他一起檢視影片來追蹤他的進展。

經過幾星期練習眼神接觸和觀看影像的密集訓練，這樣即使他感到不自在，他也能了解自己看起來有多麼自信。一旦這些影像藉由反覆密集地強化而得到內化，卡爾就無法否認，進行更長且更好的眼神交流確實使他成為更優秀的溝通者，同時讓其他人在他身邊感到更自在。

當他將這些練習實際應用到辦公室環境時，他開始注意到了一些轉變，不僅是信心方面，還有同事給予他的反應也更積極；幾個月後，卡爾成為了合夥人，還讓自己的鎮靜力提升到更高的水準。

眼神鎮靜力的反思

列出眼神交流會讓你感到尷尬的三種情境和原因：

列出你逃避眼神接觸的三種途徑：

你如何讓眼神交流減少對自己的關注，而是專注於與他人產生連結？

第12章 臉部的鎮靜力

「臉是心靈的鏡子，而眼睛在沉默中就能坦承內心的祕密。」

——聖傑羅姆（St. Jerome）[1]

「微笑是軟弱的象徵。」當我們圍坐在灰色的大會議桌旁時，路易斯這麼說道。他在他的演講中擺出一副不苟言笑的撲克臉，在我的課堂上也不會微笑和放鬆。我受雇於底特律一家大型玻璃製造商，指導他們的銷售人員進行簡報和溝通技巧。整個上午，我讓每位參與者來到教室前面示範他們一直以來向潛在客戶行銷的方式，我把他們的表現都錄下來，對著全體人員播放那些影片，提出調整建議，然後讓他們再做一次。

經過一整天的訓練，每個人都得到明顯的進步——除了路易斯以外。「路易斯，試著在簡報的開始和結束時笑一下吧。」我建議道。路易斯依然保持著嚴肅的表情。

「當你提供解決方案和產品的好處時，微笑一下準沒錯，路易斯。」我解釋完，路易斯回給我的表情從「不苟言笑」轉為「不悅」。

圍坐在會議桌旁吃午餐時，我們開始討論每個人在當天第一階段的進展，當我順著桌子走向路易斯時，他透露自己是一名退役的美國海軍陸戰隊員。

「我希望有信譽，讓人們把我當回事，我沒閒工夫做這種傻事。」他說道。路易斯比銷售團隊的其他成員更了解這個產業，他有很好的口語能力，強烈的職業道德，並且真心在意他現有的客戶。

但開發新客戶是另一回事——路易斯是這個團隊最不成功的銷售人員，沒有一絲微笑的他很難與陌生人建立融洽的關係並獲得信任。「路易斯公司的產品和服務能夠幫助其他公司成長！」這應該是他要傳遞的好訊息，但他的表情完全是另一回事，這種情況下不微笑才是真正的弱點。路易斯需要「面對」事實，向全世界展現正面鎮靜力的臉孔真的會改變一切。

「說了妳大概也不會相信，路易斯不談公事的時候其實很有幽默感。」在我們下一段課程即將開始前，玻璃公司的銷售總監拉著我走出教室時在我耳邊輕聲說道。我必須親眼見證。

當全體人員進入會議室，準備進行下午的課程時，我說：「趁消化午餐的時候，我們找點有趣的事來動動身體吧。暫時忘記我們的簡報，大家輪流講一下曾經發生過或聽過最有趣的故事吧。這只是個好玩的熱身而已，不需要用簡報模式，不用有壓力。」在沒人注意的情況下，我開啟了相機。當銷售團隊的每位成員講述他們的故事時，我朝路易斯的方向瞥了一眼，看見他在微笑，還暗自竊笑了幾聲，像變了一個人似的。

輪到路易斯分享他的故事時，一開始他還是那個面無表情的老路易斯，但隨著他深入揭露他和海軍同儕互相惡作劇的瘋狂往事時，路易斯開始哈哈大笑，搞得整個教室的人都笑到流淚。接著我們便稍作休息。

再度回到課堂後，我播放了一些影片，首先，我播放了一段路易斯痛苦的晨間演講，接著馬上播放路易斯笑著講述自己故事的片段；兩者對比非常鮮明，在第一個片段中，路易斯看起來冷酷無情，在第二個片段裡，他看起來平易近人又討喜，是人見人愛的那種人。我看到路易斯露出瞠目結舌的神情，我沒有說話，只是對他笑了笑，他給了我一個靦腆的微笑，然後說：「我現在明白了。天啊，我是不是有很多功課要做！」

在接下來的一兩個月裡，我與路易斯進行了一對一的課程，而他也確實非常投入，一段時間過後，他變得更容易展露笑顏。隨後幾個月裡，新客戶的銷售額迅速增長，最終路易斯在公司的年度頒獎晚宴上獲得了年度銷售人員獎。

一個微笑勝過一千次聯繫

我們都聽過「微笑勝過千言萬語」這句話，微笑是我們所擁有最強大的非語言跨文化溝通工具之一，一個微笑可以勝過千言萬語。最重要的是，微笑可以讓我們立刻與他人建立連結，傳達出友好、開放、自信和積極的訊息。科學指引（Science Direct）網站發表的一項研究表明，真誠的微笑能夠帶來信任，還能提高人們獲得更高收入的機會，研究還發現，人們認為微笑的人比不微笑的人更有吸引力、更聰明，不笑的人可能被認為是不值得信任、不友善、毫無準備、緊張或喜愛評頭論足的。

了解我們的臉

你的整張臉會透露出許多有關於你的資訊，不僅僅是你的外表，還有你的感受，甚至是你的想法，不管你願不願意，都可能透過臉部與其他人進行大量交流。

人類的臉擁有四十多塊肌肉，每塊肌肉都可以獨立運作。臉可以有自己的想法，即使我們不想，它還是會傳達出我們的感受，可以發出無意識的訊息——包括一些我們可能不打算與他人交流的訊息。我們的臉孔可以傳達我們的情緒、我們的健康狀況、我們對週遭發生的事情的感受，甚至是我們的可信度。

我們的臉也可以變得面無表情。當人們害怕公開演講、對簡報感到焦慮或對接受採訪感到緊張時，他們看起來像嚇傻了；當我們腦袋一片空白時，臉色也會變得空洞；當我們在處理資訊時，感覺就像我們有一種靈魂出竅的體驗，或者只是因為神經緊張而僵硬，我們的臉會變得毫無表情。

你的臉必須和你的話語同步，否則別人不會相信你，也不會信任你，如果他們無法理解你所說的話，你就無法說服他們相信你所說的話。關鍵在於真誠的情感，你的臉是展現情感的畫布，沒有情感的話語是沒有生命的，我們需要聽到和看到整個內容。展現人性是無傷大雅的，而且在公共場合、舞臺上或鏡頭前演講時，你更需要展現人性化的一面。

當你選擇不微笑或忘了建立這種人性化的聯繫時，你便關閉了自己身所具備最重要的溝通工具之一。當我們試圖表現完美就會發生這種情況；當我們太努力成為我們認為別人希望我們成為的人時，就會產生這種情況；當我們採取行動時，它就會發生。當我們允許自己展現人性化時，神奇的事情就會發生。展露真實、人性、缺點總是比呆板、虛假、做作或隱藏在面具後面來得更好，尤其是在公開演講或成為一名優秀的溝通者的時候，當你是真實的，你的表情溝通也會是真誠的。

在人群中耀眼奪目

不管你是出生在紐約市的摩天大樓還是世界另一端偏遠島嶼的稻草村，臉部表情都是我們表達情緒的共同管道。心理學家保羅・艾克曼博士（Dr. Paul Ekman）是情感研究的先驅，確立全人類都具有七種共通的臉部表情：恐懼、憤怒、悲傷、快樂、厭惡、藐視和驚訝。我參與的大多數肢體語言認證培訓也聚焦於這一點。

早期的反對者對艾克曼的發現提出異議，聲稱這些表情可能是一種後天學習的溝通方式，因為孩子們在成長過程中透過觀察和模仿他人的臉孔來學習溝通。可是身為心理學家、著名的非語言行為專家大衛・松本（David Matsumoto）博士研究了帕運（Paralympic）運動員的臉部表情，發現無論運動員來自哪個國家，他們對每種情緒都有相同的臉部表情，真正促成他發現的關鍵是，其中八名運動員一出生就失明了。

微表情

除了七種共通的臉部表情外，還有微表情會發生在一眨眼間。微表情會瞬間洩露我們的真實情緒，我們還來不及刻意隱藏就會在臉上一閃而過。我們在看別人時經常會錯過這些，因為它們發生得太快了；如果你是有目的地觀察，有時可以捕捉到它們。微表情會給你一種不安和不太對勁的感覺。把情緒想像成一棵從地底長出來的樹：一個人的意圖就是樹根，肢體語言和臉部表情是樹幹，思想和感情是樹枝，語言是樹葉。

當一個人經歷某種情緒時，首先會產生意圖或事件，然後是無意識的反應或回應（肢體語言和臉部表情），接著是有意識地思考這種情緒，最後才是語言表達。肢體語言和臉部表情就像一開始的反射動作，這就是為什麼很多演員表現不自然的原因，他們在刻意表達情感之後，試圖透過虛假的臉部表情或肢體語言來傳達情感，而這原本應該率先發生。這也適用於說謊者，當情感是原始而真實的時候，我們的臉上就會閃現真實的表情，即使我們想掩飾自己的感受。當我們在會議期間對一個不受歡迎的資訊感到驚訝，或是在社交場合遇到我們打死不想見到的人而感到不舒服時，這種情況就會發生。

如果你可以將自己與每個人的每一次互動都錄下來，然後逐格觀看（大約每秒二十八至三十畫格），你就可以捕捉到你們在談話中做出的每一個微表情。由於你無法對日常互動進行錄影，因此你可以在嘗試解讀另一個人時相信自己的直覺。

當你感覺到哪裡不對勁或對方的神情看起來不太真誠時，請聽從你的直覺——因為你的潛意識可能已經捕捉到了一個微表情。

你不該針對微表情而驟下結論，但應該讓你提出更多問題，反過來又可以開闢更好的溝通管道。反過來說，你也會有這些微表情，讓你露餡。因此，在進行任何互動之前，你得清楚明白自己對某件事的感受，並提前確定自己的意圖、目標是什麼，以及你對真實情緒、感受和信念的支持程度。

臉部對話

你用臉部表情發送什麼訊息？你提供外界正確還是錯誤的印象？你在解讀同事、親人或陌生人的臉孔以了解他們的想法和感受方面的能力有很好嗎？

以下是有關如何解讀臉部對話的一些訣竅：

- 真正的微笑需要微笑的眼睛。真正的微笑會跑進你的眼睛，並在外眼角造成魚尾紋；當有人假裝微笑時，眼睛不會變成這樣。
- 並非所有的微笑都是正面的。人們在尷尬時也會微笑；人們可以因別人的不幸而高興地微笑，這也稱為幸災樂禍。
- 當一個人經歷真正的悲傷時，它會表現在他們的眉毛上，內側眉毛會向下拉向鼻樑，嘴巴會噘起、顫抖或在嘴角處向下彎。當有人假裝悲傷時，這些臉部動作不會發生。
- 當某人經常閉上眼睛時，這可能意味著他們正在處理資訊、隱藏某些事情或感到不舒服。

- 當我們不喜歡我們聽到的內容時，就會把嘴唇藏起來！當一個人無法接受他們所聽到或經歷的事情時，邊緣系統會關閉嘴巴，下巴收緊並咬緊。
- 當一個人把手放在嘴上或用手或手指擋住嘴唇時，可能意味著他們在隱藏某些事。或者他們可能對所聽到的內容感到震驚或擔心，也可能是他們可能害怕自己說錯話。
- 額頭上的皺紋可能意味著懷疑、擔憂、憤怒或困惑。
- 當一個人生氣時，眉毛會皺起，下巴和牙齒會咬緊，鼻孔會張大，眼睛會變小。
- 當一個人害怕時，眼睛會睜大，嘴巴會張大到緊貼下巴。
- 當有人感到輕蔑時，他們的嘴角就會上揚。
- 當一個人感到厭惡時，他們的臉看起來像是聞到了什麼難聞的東西，嘴角往下垂，鼻子皺巴巴。
- 當有人感到驚訝時，他們會揚起眉毛，睜大眼睛，嘴巴呈現「○」形。
- 一定要觀察全貌：總結眉毛、嘴巴、眼睛和下巴的動作，以便全面評估所有非語言的臉部線索。
- 要發現潛在的謊言，請尋找微表情，但也要尋找我們在肢體語言那一章中談到的亮點。尋找與某人的底線或平常每日臉部表情不同的臉部表情變化，如果是你剛剛在面試或會議期間遇到的人，請在輕鬆愉快的聊天中注意他或她的臉，看看在更激烈或更嚴肅的對話中會發生什麼變化。請注意，你的臉也會隨著互動的進行而改變。

- 當你試圖解讀戴口罩者的臉時，把專注力集中在眼睛上，尋找表示真誠微笑的魚尾紋。

魔鏡啊魔鏡

你可曾想過，當你照著鏡子時，你看到的形象與別人看你時是相反的？我們已經習慣看到自己的鏡像，這就是人們不喜歡看自己的照片或影片的主要原因之一：有些地方看起來不一樣——而且確實不同——這是倒過來的你！

只要經常看照片和影片中的自己，你就會感到越舒服。許多人拍照時會躲，因為他們不喜歡照片中的自己。這是個惡性循環，因為當他們必須為工作或活動拍照時，他們會感到不舒服，反而因此讓他們在照片中看起來更僵。

當我們與他人互動時，我們會回應另一種類型的鏡子。同步反映的是我們配合或模仿與我們溝通的人的情緒、臉部表情和肢體語言的行為，當彼此相處融洽時，我們很容易同步所有事情。我們甚至可以將我們的言語模式、態度和精力與我們覺得與之有關聯的人配合。當我們開始下意識地反映另一個人的臉部表情時，就會發生一種稱為「情緒傳染」的現象，讓我們捕捉到對方的情緒能量。所以，你的臉部表情實際上可以把某人帶到一個正面的狀態，也可以把對方帶到一個消極負面的境地。

應避免的臉部習慣

◉臉頰咀嚼者

我承認，多年來，我一直在對抗想咬嘴巴內側的壞習慣。當我大學時和五位女性朋友一起飛往加州度春假時，飛機上我坐在一位年長女性的旁邊，她注意到我在咀嚼食物，傾身對我說：「親愛的，如果妳咀嚼的時間過長，以後那裡可能會有巨大的癌變，這樣就不漂亮了喔。」

哎呀，你以為那樣就能讓我戒掉嗎？事實並非如此，這是一個潛意識的壞習慣，時至今日我仍在努力克制，謝天謝地，我從未得到癌變，但咀嚼導致我嘴巴週遭出現了一些皺紋。自從我接受了肢體語言訓練以來，我已經能夠將它處理得更好。

咀嚼你的嘴巴內側向別人傳遞的訊息就像咬指甲一樣，表示你可能感到緊張、壓力過大或對自己不確定。

我最近和一位甚至不知道自己也有這個習慣的客戶一起工作，我在幫助她準備一次重要的電視採訪，在我播放了我們所做的模擬採訪的影片後，我向她指出這一點，她感到很震驚，同時很不高興看到自己呈現的樣子：緊張、不確定、好像毫無準備的樣子。在我們接下來的訓練課程中，她都在努力戒掉這個習慣。

有時，只要知道自己有咀嚼、皺起前額或鼻子、咬下唇或舔唇等壞習慣，就可以幫助你盡量減少這種習慣。請慎重地找出你可能有哪些未知的壞習慣，因為這些習慣可能會發送錯誤的訊息。以下是你可以征服咀嚼的三個方法：

- 咀嚼無糖口香糖或將無糖喉糖或薄荷糖含在口中，就可以讓你的臉頰休息一下，並稍微中斷這個循環。
- 吃鳳梨。鳳梨的酸性有助於撫平那些口腔內側讓你想咬的微小突起，而且立即見效！
- 當朋友和家人發現你無意識地咀嚼你的臉頰時，請他們指正你，正念是制止無意識咀嚼的重要一步。

咬唇會沉船

二戰期間有一句口號「口風不夠緊，船艦就會沉沒。」放在海報上，警告軍人和公民注意不要談論任何可能有利於敵人的資訊。戰後，這句話成為一種常用的表達方式，人們用來告訴別人避免粗心地談論可能影響業務、新產品發布、破壞驚喜派對、無意中洩密——你懂我的意思。

同樣地，在溝通技巧方面，咬唇也會讓你的船沉沒，當人們緊張、不舒服、不確定、沒有準備好或掛心某事時，他們往往會咬住下唇，這是用肢體語言發出的警示，代表著危險信號。

當採訪者看見這動作時，他們會注意到；當它在演講或電視節目中出現時，也會透露出一些訊息。舔嘴唇也會發送相同類型的訊息。很多時候，當我的客戶緊張時，他們會口乾舌燥，嘴唇也會乾裂，他們用牙齒或舌頭玩弄嘴唇以獲取水分，或者因為乾燥的嘴唇一直戳著他們；他們可能一點也不緊張，但遺憾的是他們給出了錯誤的訊息，因為他們的嘴唇讓他們煩惱。為了對抗這種情況，女性可以用口紅和唇彩來補充水分，而且不太可能咬或舔，這樣她們就不會弄亂妝容或吃掉口紅；男性可以藉由確保塗抹透明潤唇膏來幫助防止舔和咬嘴唇，尤其是在大型演講、採訪或會議之前，隨身攜帶以備不時之需。

令人分心的臉部表情

當我在媒體和公開演講培訓課程中對我的客戶進行錄影時，你會驚訝於他們表現出許多令人分心的臉部習慣，好消息是，一旦我指出令人分心的習慣，而且他們自己也在螢幕上觀察到，他們就會努力改掉壞習慣，並且可以很快做到。這是練習講話或採訪時替要為自己錄影的另一個好理由，你可以發現關於你自己的大量資訊。以下是一些我最喜歡但又討厭的臉部表情：

- 格魯喬．馬克思（Groucho Marx）[2]：當人們過度抬起眉毛時，尤其是當沒有理由這樣做，又或是表情跟他們的言辭或意圖不相符的時候。
- 愁眉苦臉：當人們看起來像肚子痛時，代表他們顯得過度擔心。
- 過度眨眼：一定要事先解決任何乾眼問題，清潔隱形眼鏡、放鬆眼睛且放慢速度。
- 摸鼻者：人的鼻子含有勃起組織，當有人說謊、激動或緊張時，這些組織會變得輕微腫脹或充血，這樣會引起搔癢或刺痛，使某人觸摸或刮鼻子。觸摸鼻子被認為是一種肢體語言，可能意味著有什麼事情發生了。你可能只是感冒或過敏，但是當你在演講、會議或採訪中摸鼻子時，可能會讓其他人產生不同的想法。
- 天生臭臉（Resting bitch face, RBF）：指的是當某人的中性或無表情的臉不完全中性的時候。有些人沒有意識到，當他們在認真傾聽別人、處理資訊或努力看起來很酷時，他們可能認為自己沒有表現出任何表情，但他們的表情卻讓別人不快，他們可能看起來有點生氣、無聊或對什麼事不滿。

研究表明，在天生臭臉的情況下，臉部給人的印象是輕蔑、不尊重、厭惡或傲慢。輕蔑的表情可能非常微妙，嘴巴的一側略微向上傾斜，有時眼睛會瞇起來，它可能像徵表情一樣稍縱即逝，也可以是一個刻意的表達，以準確地告訴別人你的想法；但是，如果你放輕鬆的臉呈現這樣，天啊，想想你正在發送給週遭其他人什麼樣的訊息？

我有很多客戶在鏡頭前工作，或者在業務部門，又或是以某種方式與公眾合作，他們不知道自己天生臭臉，直到他們在訓練課程中暴露出來，我很好奇他們在知道自己的臉在做什麼（和說什麼）之前已經讓多少人不開心。我最近參加了另一位教練教授的培訓課程，當時教練正在與全班一起回顧一份簡報，我環顧教室時，我注意到一個人正在瞪視那位老師，我根本不認識這個人，但我立刻對他感到惱火，我發現自己有這樣的想法，想知道他是哪一點讓我有這種感覺，我甚至還沒有聽到他說話。

然後我察覺到了，他左邊的唇角微微翹起，帶著一絲輕蔑，彷彿他對於教練所講的內容不屑一顧。我的視線重新回到教練，看她有沒有注意到，接著他提出了一個問題，他顯然是一個願意學習的好人——他可能不知道自己的臉散發出錯誤的訊息。如果他是我的客戶，我會建議他試著刻意稍微抬起他的嘴唇右側，以平衡他傾聽時的臉，這樣他的表情至少會表現出他很高興在那裡（無論在哪裡）。在電視圈裡有一個術語叫做「主動聆聽」，是製作人和導演喜歡在那些目前沒有說話的人臉上看到的表情，因為電視完全是視覺性的，所以我們可以透過一個人的臉來判斷他們是否全神貫注於週遭正在發生的事情。

一位出色的主持人、訪問者或受訪者在輪到他們傾聽時，會展現適當的臉部情緒和富有表現力的個性。天生臭臉會導致糟糕的電視效果和面對面的互動，除非你的目的真的是表現出蔑視、不滿、生氣或厭惡。

臉部的可信度

我們來談談化妝吧。化妝不僅關乎美麗和魅力，對於男人和女人來說，它都能成為看起來冷靜、清爽和鎮定的重要方法，但許多不喜歡化妝的人會排斥有時可能要化點妝的想法。

幾年前，我受邀在佛羅里達州舉行的美國醫學協會健康推廣人員會議進行媒體訓練簡報。在接待處旁，我與一位女外科醫生交談，她堅持從不化妝，也看不到改變這一點的必要性，即使她將在電視上接受採訪；她覺得這是可信度的問題，對她來說重要的是，不能表現出好像她在乎自己外貌，還有需要用口紅和腮紅之類的東西來提振精神的樣子。雖然我完全尊重並理解她在這方面的立場，但我告訴她可以考慮不同的觀點，電視通常是人們試圖在非常不自然的環境中看起來和表現自然的地方，攝影棚充斥著各種照明，攝影機角度、不自然的光線、陰影、設置顏色、衣櫥和背景顏色都可能沖淡並掩蓋日常妝容，更不用說沒有化妝了，在進行簡報或在活動中公開演講時，舞臺燈光也是如此；除此之外，在這些情況下，男性和女性都會出汗，讓人們看起來筋疲力竭、皮膚油亮，就好像無法振作精神。

向攝影棚或活動現場的專業化妝師或頂級化妝品零售商諮詢關於電視、舞臺或活動的適當化妝建議總是一個好主意。甚至於一種很好的無色吸油蜜粉，有時也能創造出酷酷的鎮靜力外觀。

鎮靜力的臉部表情可以提升冷靜的溝通技巧，因為：

- 懂得如何不用說任何一個字就能默默地溝通。
- 相信你的臉向世界揭露的訊息。
- 用微笑打破隔閡，幫助其他人感到自在。

鎮靜力的臉部表情可以提升自信的溝通技巧，因為：

- 懂得如何以非語言方式建立融洽關係。
- 更加了解如何使用我們非語言的臉部表情來讓其他人更積極地看待。
- 了解如何展現最好的自己以提高你的可信度。

了解臉部的鎮靜力會讓你成為一個更出色的溝通者，因為你了解且相信你透過臉部表情和習慣所傳遞的非語言訊息。除了他們實際上對你說的話，了解他人的臉部表情和習慣有助於你察覺和分辨他們潛在的想法和感受。緊接著我們要進入關於非語言溝通技巧的下一章：「肢體語言的鎮靜力」。

臉部鎮靜力的回顧

列出你認為自己可能擁有且希望改善的任何不良臉部習慣：

列出你可以利用更多微笑讓自己和他人感覺更自在的三種方法：

列出可以成為更優秀的臉部溝通者的幾個方法：

注釋

1 聖傑羅姆（St. Jerome）是著名的天主教神父，他四處旅遊講經，最後定居於白冷城（Bethlehem）修道院，畢生的事業是將《聖經》從希伯來和希臘原稿，譯為拉丁文版本，第四世紀著名的《拉丁文聖經》（The Vulgate）就是出自他之手。

2 格魯喬・馬克思（Groucho Marx）是美國的喜劇演員與電影明星，他以機智問答及比喻聞名，外貌特色在於顯眼的鬍鬚、眉毛以及眼鏡。

第13章 肢體語言的鎮靜力

「人們可能不會告訴你他們的感受，但他們會表現出來，必須留意。」

——凱莉・希爾森（Keri Hilson）

除了指導和培訓工作之外，我還經常擔任健康和保健醫療節目主持人，與一家數位廣播公司合作到全國各地採訪醫療專業人士。

「我想向大家介紹一下艾希莉醫生，她是我們今天直播的客座醫學專家。」我們的執行製作人一邊介紹，一邊護送這位四十多歲、光鮮亮麗的黑髮女郎走進攝影棚。她穿著完美剪裁的鐵灰色設計師套裝，搭配帶有紅色鞋底的克里斯堤・魯布托（Christian Louboutin）黑色漆皮高跟鞋。

「大家好。」她朝著整個攝影棚打招呼，但沒有與任何人進行眼神接觸，她的氣質和她的套裝一樣呈現冷灰色調。

「艾希莉醫生，請坐在主持人派翠西亞的旁邊，她會在今天的節目中採訪妳。」製作人說道。當來賓坐在我旁邊的座位時，她的禮貌仍有待改善。我能夠適應與不同性格的醫生一起工作，有些人友善隨和，有些人比較冷漠矜持，今天的我似乎不得不面對後者，而我唯一的念頭是：這將會是一場漫長的錄影。

當我們在讀腳本，進行節目排練時，我注意到桌子底下有什麼東西在快速閃爍，其他人都沒看到，是艾希莉醫生閃亮的紅底高跟鞋正在迅速地抖動，她的腰部以上極力表現出冷靜和鎮定，然而雙腳卻背叛了她。她是個神經緊張的人，努力裝出冷靜自信的樣子，使她無法自在地面對我和團隊，大家一致認為她是個冷酷的女人。好在她遇上了我，我現在知道要怎麼幫她完成一場精彩的節目了。

「艾希莉醫生，我們去喝杯咖啡吧，順便多聊聊我們的採訪。」在完成棚內的排練工作後，我向她提出邀請，因為我想和她單獨相處幾分鐘。當我們沿著走廊到茶水間時，我與她聊了一下她的家人以及曾經去過的地方。

「醫生，妳以前上過電視節目嗎？」我詢問道。

「沒有，這是我第一次接受電視採訪。」她回答道。

「我的職責是讓妳今天的表現完美無瑕，艾希莉醫生，我的目標是讓妳盡可能感到自在，我會全力協助妳，所以請讓我知道我能提供什麼幫助。」我說道。

她的神態徹底改變，深深地鬆了口氣，「我不想讓任何人知道，但我今天一走進這裡就覺得非常緊張。如果我的撲克臉有點冷漠，我很抱歉。現在知道你是來幫我成功完成採訪，我感覺好多了，謝謝妳私下跟我說這些。」

在那次談話之後，一切都不一樣了，節目進行得很順利，訪問引人入勝且內容豐富。如果沒有注意到桌子下方那雙抖動的腳，我永遠不會知道這位醫生這麼緊張，而且我還能幫得上她的忙。

你的非語言溝通技巧

肢體語言的鎮靜力著重在了解你發出的非語言信號，以及能夠注意和辨別其他人給予的信號。

多年來，我研究了許多肢體語言書籍和研究論文，曾經跟成千上萬的客戶和學生合作，幫助他們克服肢體語言的問題，通常對方甚至不知道自己有這些問題。我向他們展示如何變得更自在、更開放、更富有表現力，以及如何表現出鎮靜力。因為我想為我的訓練課程增加更多的研究和知識，所以我參加了一個位於華盛頓特區的肢體語言訓練師認證課程。

在訓練的每一天，我們觀看了針對連環殺手、盜用公款者、被指控使用興奮劑作弊的運動員、狡詐的政客、性犯罪者、殺人犯和普通騙子的逐格影片分析，每天晚上我們都有繁重的回家功課。我認為如果我能學會判斷這些肢體語言、臉部表情和口語陳述的極端例子，就能為客戶帶來更有價值的資訊。

我學到了關於解讀我們發送和接收非語言訊息的眾多知識，然而，當中最重要的收穫就是明白解讀肢體語言和解讀內心不同，解釋人們的肢體語言應該引導你對這個人和當時情形提出更好的問題，但不應該讓你先入為主。

以下是我在過去二十年的溝通訓練和研究以及解讀肢體語言訓練中所學到的一些知識。

創造存在感

我們在自己的空間中表現的方式，往往能夠提供大量的訊息。無論你是站是坐，在放大還是縮小自己，如果想表現出鎮靜力，就必須敞開心扉並創造你的存在感，你的言行會告訴人們你對自己的感覺，以及他們該對你有什麼樣的感覺。改變肢體語言就能改變你的態度、你的情緒狀態，甚至你的荷爾蒙水平。

站姿方面

挺直身體、下巴抬起、肩膀向後，重量平均分布在雙腳之間，雙腳牢牢地放在地面上，分開八到十英寸，採取假設有人撞你，你也絕不會被撞倒的那種姿勢。當你排隊買咖啡或午餐時，注意一下你是怎麼站的，你的雙手是放鬆地擺在身體兩側，還是無精打采、遮掩、阻擋、交叉、畏縮、把手插在口袋，又或是躁動不安？當我們已經習慣了這些站立方式，敞開心扉會感到尷尬、脆弱、甚至赤裸，但練習得越多，你就會越冷靜。

我的公公是布朗克斯特遣隊的一名警察，他告訴我，警察就是被這樣訓練來接近人的——雙手放在身體兩側，而不是藏在口袋裡或背後，打開姿態、沉著穩健，表現出鎮定自若的樣子。

十幾歲的時候，我在當地購物中心的一家女裝店工作。某個特定的女性顧客會來買套裝，我的主管總是說這個女人擁有超乎常人的存在感，能夠自信地表現自己，但卻不失親切。她站得很挺，支配著她週遭的氣氛和空間，但不是以一種傲慢的方式，而是表現出「我知道我是誰，而且我喜歡自己」的感覺，她主導自己的身體，擁有自己的空間，而且非常友善。她是整個空間中的亮點。我開始模仿她的舉止，在那家服飾店裡，我試著學習她的姿勢，模仿她的肢體語言，我開始感到自己越來越有鎮靜力。

許多女性的肢體語言讓自己看起來很沒行情，沒什麼比姿勢不良更能削弱你的存在感了。很多時候，當我們拱起肩膀、下巴低垂地隱藏自己時，我們會下意識矮化自己並放棄我們的力量，不管什麼身高的女性在不想引起注意時都會這麼做。但對於身材高大的女性來說，情況尤為明顯，許多個子高的女性善於建立融洽關係並與週遭的其他人處於同一水平，她們往往刻意或下意識地試圖藉由彎腰來讓別人感到舒服，因為這樣她們就不會高過週遭的人。相信我，如果你個子很高，大家都知道，你該高興才是；我自己也想再長高五、六英寸！

不良姿勢被認為是猶疑不定、缺乏信心、無精打采、沮喪和順從的肢體語言，當父母告訴你要抬頭挺胸時，其實是其來有自的。

研究顯示，高個子可能會更頻繁地打斷矮個子或想要嚇唬他們，對於比男性矮小的女性來說尤其如此。透過公平競爭來最大化你的存在，在會議、談判或推銷中，當其他人坐著時，要想辦法站著，如果要進行私人或衝突性對話，請務必與個子較高的朋友或家人坐下來，這樣你們就可以在同一水平上說話，公平地對視。我聽過很多人稱讚姿勢優美、存在感強大的嬌小女性擁有「高個兒」的個性。

◉站得像朵壁花是沒有力量的

最近我正為一間大型製藥公司的女性執行長進行簡報和公開演講技巧的訓練。當她站起來練習演說時，她的站姿讓她看起來毫無氣勢，雙腳併攏，肩膀向前和向下彎曲，雙手低調地交握在骨盆前。她看起來更像是一朵壁花或參加葬禮的人，而非聰明強勢的女執行長，她的身體與她的職位和經歷呈現截然不同的故事。

當我向她指出這一點時，她告訴我，她最近參加一個活動，觀察了講臺上一組演講者，注意到這組的兩位女性也採取同樣的站姿，她覺得她們看起來「美麗且端莊」。真的嗎？這怎麼會是好事？我快速地在手機上找出端莊的定義，並且唸給她聽：「矜持、謙虛、害羞」，我繼續讀了一個句子中的例子：「端莊的小妻子，坐在家裡看家。」她提到講臺上沒有一個男人是這樣站著的，他們站得筆直，對觀眾侃侃而談。

後來我們修正了她的姿勢，成效相當令人驚豔，她立刻看上去容光煥發，充滿活力。從今而後，當你日常外出時，請注意你的站姿以及在站立或排隊時如何維持自己的姿態；當我讓客戶在他們的私人生活中這樣做時，的確讓他們下次在公眾或鏡頭前的演講更加出彩。

◉正面的姿勢

回想一下，當你度過糟糕的一天、整天穿著睡衣或運動褲懶散度日時的感受，你認為你會因為一通工作面試電話或是一直害怕的衝突電話而振作起來嗎？可能不會，因為你的身心都處於退卻狀態。現在回想當你度過美好的一天時的感覺，感受到做自己的自在，充滿熱情和希望。你的姿勢充滿力量、步伐雀躍、抬頭挺胸，這種日子每次都會對你如何看待自己以及你如何與週遭的人互動產生連鎖反應。

◉你在椅子上的份量

當冷靜自信的人坐在椅子上時，你甚至幾乎不會注意到椅子，他們的手臂懸掛在椅子的兩側，將它們當成伸展設備、放鬆座椅、思考園地和休閒吊床，只要對於做自己感到自在，就會讓每把椅子坐得更舒適。當然，你必須依據每種情況做出判斷：在專業場合中，你不應該以誇張的姿勢躺在椅子上，但當你解讀過整個空間和週遭的人時，可以在不同程度上保持開放和舒適。千萬不要只是坐在椅子上，運用你的椅子來展現強大、親切、舒適和充分的存在感。你可以單純將手臂放在椅背，而不是雙手整齊地放在大腿或面前的桌子上。再次強調，擴大你的空間，而不要縮小。

◉走路姿態

我的祖父總是告訴我走路要像在執行任務一樣，彷彿你正在做什麼偉大的事情。我曾經和一位司儀合作過，他告訴我，在他走上任何舞臺之前，他都會假裝自己好像剛剛完成了什麼大事一樣。我們走路時呈現自己的方式會朝著四周散發出強大的能量，別人也可以感受到。

我喜歡欣賞走在紐約街頭的人，他們有些看起來像在流浪，有些像是迷路了，有些看起來很茫然，有些看上去像是剛剛經歷了日常的磨難；還有一些看起來像是在執行任務的人——好像他們有什麼地方要去，他們帶著決心、使命和熱情在行走，非常顯而易見，你可以感受到他們的能量，他們散發著光芒，以這樣的方式走路實在太棒了。

下次走在路上時，請有意識地向前走，你將會以不同的心態抵達目的地。人們通常不會拒絕看起來堅定朝著目標前進的人，當我們在有明確目標的人身邊時，不是會感到舒服、安全和放心嗎？以下提供一些可以讓你堅定往前邁進，使你的步伐散發鎮靜力的可靠方式：

- 表現出胸有成足的樣子，朝著目標大步向前走。
- 走路時昂首闊步，會給人一種「勝券在握」的印象。
- 走路時要注意週遭發生的事情。
- 走進任何場合時，要表現出你很高興看到和認識在場所有人的樣子。
- 你的姿勢是人們注意到你身體的第一件事，請抬頭挺胸地向前邁步。

撫觸自己，就能放鬆

自我觸摸可以撫慰人心，然而當我們得到撫慰時，我們就能放鬆。當我們感到壓力、對自己不確定、不舒服或感到脆弱時，我們會無意識地尋找讓自己感覺更好的方法。觸摸會讓人安心，如果沒有人伸出手來觸摸我們，我們就會自己動手；自我觸摸是個安撫奶嘴，就像嬰兒吸吮拇指或安撫奶嘴一樣，觸摸是一種自然反應，可以立刻讓自己好轉，得到安撫。

有時做點讓自己更舒服的事情是可以的，但這一切都取決於具體情況。如果你在工作面試或專業場合中，人們傾向於倚賴他們相信可以完成工作的人，那麼你應該不希望傳遞暗示你需要撫慰的訊息。如果你正在處理任何類型的壓力情況，而且你不希望表現出焦慮，請小心這些自我觸摸、自我安慰的小動作：

- 搓揉雙手。
- 摩擦手腕、前臂或肩膀。
- 揉捏後頸。
- 在椅子上旋轉。
- 摳指甲或撥弄手指。

- 玩弄珠寶。
- 撥弄頭髮。
- 用手或手指摀住嘴巴。
- 咬指甲。
- 咬原子筆或鉛筆。
- 咬眼鏡架。
- 踱步。
- 坐立不安。
- 整理頭髮。
- 調整衣服。

我有位客戶是熱門有線電視頻道的主持人，當他在鏡頭前播報新聞時，他有個習慣，那就是他會轉動他的婚戒，他說這對他來說像是一種儀式——他覺得這是他專屬的「標誌」。然而他沒有想到，雖然這對他來說代表這層意義，但給觀眾的印象卻截然不同，轉動戒指妨礙他使用自然手勢，阻斷了他的能量流動，讓他在鏡頭前放不開，同時會讓觀眾盯著他的手看，把注意力從他的臉和他所提供資訊轉開。最糟的是，這會給人他很緊張的印象。就像大多數用來安撫自我的習慣一樣，在電視上會造成不好的觀感，也不利於他的信譽。

從頭部開始

你歪頭的方式就能透露很多訊息。俗話形容人「把腦袋伸直」，意思是他們已經下定決心、對自己有信心或是對情況有十足把握。據說當人們把頭向左傾斜時，他們容易看起來更聰明，而當他們把頭向右傾斜時，他們看起來更有吸引力。因此，根據你的目標，想想在你所處的情況下怎麼樣會更有利。男人在談判、對話或傾聽某人時往往會抬起頭來；女性傾向於將頭朝某一側傾斜，有時看起來很順從。我相信展現談判、決心或鎮靜的最佳頭部姿勢是筆直地向上和向下；然而，如果你試圖表現出熱情和同理心，那麼頭部傾斜可以傳遞出更溫暖、更善解人意和關懷備至的訊息。

◉「巴不得離開這裡」的暗示

第一次讓人們在鏡頭前進行訓練時，我經常會觀察到頭部的轉向，當頭部輕微轉動並朝向左側或右側時，一個人看起來就像從嘴角說話；或是當他們把頭向後仰，遠離鏡頭，用下巴看人時，我的解讀是他們想要逃走，希望盡快解決這件事情，撐過這一切，然後就可以解脫了。在鏡頭前或面對面時，朝著旁邊講話看起來會令人不悅，這樣沒有吸引力，也很難讓對方與你產生共鳴。當有人的頭向後仰並用下巴看人時，到頭來會讓他們看起來像居高臨下地對人說話，有可能給人傲慢的印象，無論如何，沒人會想抬頭看到某人的鼻孔吧——尤其是他們感冒的時候。

與一名國際電視主持人的媒體訓練課程中，我注意到他一直僵硬地把頭撇向某一邊，我問他在鏡頭前是否感到不自在，他沒有這麼覺得，但一些好心的公關顧問告訴他，他某側的臉比較好看，所以他總是喜歡把他認為好看的一面轉向鏡頭，他看上去既僵硬又古怪，儘管他的魅力讓我無法想像有人會認為他有不好的一面。我們花了相當長的時間來放下這個想法，這樣他就可以在鏡頭前放鬆，以更自然的方式活動頭部。

你最好的一面就是臉部朝前，直接對準你要進行談話的人，最主要與你交談的人就是在你面前的那個人，無論是面對面或者透過鏡頭。

◉收起下巴

你的下巴也會告訴別人很多訊息。維持水平的下巴看起來直接而負責；稍微向下傾斜的下巴看起來迷人、有吸引力。

一個下巴很低的人似乎是在盡量減少自己的存在或想隱藏起來，當某人沮喪、不感興趣、尷尬或害怕時，你會發現他們的下巴壓得超低。

我們用手觸摸下巴的方式可以傳達截然不同的資訊。如果我們將下巴或下頜放在手上，我們可能會顯得無聊或疲倦，但如果我們將手或手指放在下巴上，我們會顯得聰明而深思熟慮，就好像在考慮我們的選擇或評估情況或人一樣。肢體語言學院的訓練人員經常說：「掌控好下巴就贏了！」

◉不要當個搖頭公仔

我們透過傾聽他人的故事來幫助他們進行溝通，我們的眼睛、眉毛、嘴唇和點頭讓他們明白我們正在聽他們說話、理解他們或者對他們說的內容感興趣。點頭的速度和次數可以告訴對方許多關於我們的感受，幾個緩慢的點頭說明我們在聆聽，我們陪著他們；一直猛點頭，表示「快點，繼續說，沒錯，我早就知道了」等等。

在電視節目中採訪過許多嘉賓，我了解到我的點頭可以幫助緊張的客人順利完成訪問，或者在他們喋喋不休且需要結束採訪時，催促他們加快速度。

當我指導人們進行電視訪問和工作面試時，我警告他們要小心附和式點頭。很多時候，我們不自覺地點頭表示我們理解某人的問題，但沒有意識到我們可能並不同意他們所說的話，甚至都還來不及回答對方就先做錯表態。

雙手決定一切

◉比讚

跳上鎮靜力公車，給自己按一個讚吧。當人們緊張或有壓力時，往往會把大拇指藏起來，不是塞進口袋，就是塞進拳頭；當我們隱藏拇指時，就是在告訴全世界自己需要安慰。為了看起來有自信，把手從口袋裡拿出來，秀出你的拇指吧。這條規則的唯一例外是用大拇指勾住的姿勢，當你將大拇指勾在牛仔褲的一個或兩個口袋上，仍然可看到大部分的拇指且其餘的手指在外面時，這是個很酷的動作。

◉追逐尖塔

最強而有力的肢體語言手勢之一被稱為尖塔，尖塔是當你將雙手合十、手掌相對、手指分開且每個相對應的指尖相碰時，這個手勢看起來就像一座教堂的尖塔，這是執行長、沉思者、有權勢的名人和戰略談判者的最愛，它體現了聰穎、體貼、鎮靜力和沉著，但可能會被用在錯誤的時間和地點。在家長會、遊樂場、初次約會或見到配偶的家人時，若想要建立融洽的關係，這並不是一個很好的手勢，倘若用於需要溫暖和隨意交談的場合，很可能被視為傲慢。籃球尖頂是一個類似的手勢，只是擴大到看起來好像你真的拿著一個看不見的籃球。當你發表演講和分享願景、提出你熱衷的想法或解釋希望聽眾想像、接受或採用的概念時，這種姿勢非常有效。

◉良好的手勢

我們需要用雙手來溝通。手勢其實能協助我們講話，就像指揮在管弦樂團面前的動作一樣，我們的手和手臂能夠幫助我們說故事，顯示出我們的認真和熱情。手勢可以輔助描述事物的大小和距離，甚至可以代替單字和片語。當人們沒有借助雙手來說話時，他們會顯得緊張、僵硬、面無表情、毫無生氣。

就像我們不喜歡單調的聲音或單調的臉部表情一樣，我們也不喜歡單調的肢體語言。請記住，我們需要聲音、臉部和身體共同一致地講述同一個故事，否則某些地方看起來就會不對勁。慎防「單調區」！

◉手放在喉嚨

我們的頸窩，即喉結下方到胸骨頂部上方的頸部凹陷處，是我們在聽到令人震驚、恐懼或威脅我們的事情時，想要遮掩和保護的地方，通常我們同時會說：「哦，我的天哪！」或「哦，不！」。

然而如果你在談判、採訪或互相敵對的對話中下意識地用手遮住頸窩，那麼你可能會傳達出你對所聽到的內容感到震驚、恐嚇或威脅的訊息；如果你不希望對方確切地知道你對這種情況的感受，這麼做就會很不妙。當你不想讓那個推銷員知道你認為價格太高時，或是不想讓老闆知道你對最近的任務感到膽怯時，請不要把手放在喉嚨上。

◉無花果葉姿勢

我們最容易用雙手摀住自己的私密處（某些肢體語言專家會稱之為「淘氣的地方」），這種姿勢在幾乎所有關於肢體語言和公開演講的書中都被稱為「無花果葉姿勢」。當我們感到壓力、憂慮或擔心時，我們會下意識地保護這個區域，當你用手遮掩或擋住該區域時，代表你進入保護模式，而且再也不會站立或坐在開放、容易接近或強勢的位置。

◉手摸大腿

當我們感到壓力而掌心冒汗時，往往會下意識把雙手放在大腿上摩擦，想要把汗擦乾。手掌摸大腿大說表示自我安撫、試圖擺脫緊張的感覺，或是我們正在擦汗，企圖不讓人發現我們在緊張。

◉露出馬腳

當一個人的腳在談話中朝著別的方向時，表示當事人想離開現場，因為他們的身體表達出他們想要或需要離開，他們已經心不在焉，又或是他們對於腳指向的其他人事物感興趣。

壓力大或緊張時，我們坐著時常會抖腳，如果是站著，就會不停地動來動去，我甚至親眼看過有人在壓力太大時會將腳踝纏繞在椅子底下。當我們真心投入與某個人的對話時，全身都會朝向對方，包括雙腳、肚臍和下巴，而且不會動來動去。

◉不要聳肩

請記住，辨認出一種肢體語言信號無法使你成為讀心者，請將肢體語言信號視為「熱點」，從更寬廣的視角進行調查，並根據一個人的底線、他們正常的放鬆行為來衡量，這些熱點出現在你面前時，你應該轉而去問問此人有何感受。單獨的肢體語言，其釋放出的訊號到頭來可能沒有任何意義，但是當有人聳肩時，它總是代表著某種意思：優柔寡斷、不確定或不感興趣，在談話中應注意對方的聳肩。同時也請隨時檢查自己是否在聳肩，要知道，當你聳肩時，你正在傳達一個非常明確的訊息，那就是「我不是很篤定」。

可能失去信任或破壞關係的姿態

有許多姿勢會有礙建立人與人之間的聯繫，讓我們跟他人建立關係變得更加困難。

◉身體離太遠

一般來說，當人們參與且感興趣時，他們會往自己喜歡的人和想法靠近，向後傾斜則傳達出相反的訊息。請想像一個教室或一群觀眾，熱情或渴望學習的出席者會更加往前傾；那些不感興趣或不為所動的人可能會向後轉或懶散地坐在位子上，在面試情況或推銷過程也是如此。

◉雙臂交叉

當有人交叉雙臂時，可能意味著此人把自己與他人隔離開來，我很不喜歡專業人士出於這個原因選擇在宣傳照片或大頭照中雙手交叉地站立，這樣會被認為難以親近。這裡需要提醒的是，這個姿勢可能只是意味著他們覺得冷，或者他們因為對所聽到的內容感興趣而堅定地待在原地。再次強調，解讀肢體語言應該幫助你提出更好的問題，而非先入為主。

◉把手臂藏在背後

將雙臂藏在背後也稱為閱兵姿勢，會讓週遭的人感到不舒服，看起來像是在隱藏些什麼，甚至會讓你沒辦法使用開放和富有表現力的手勢，還可能會讓人覺得僵硬和尷尬——就好像這個人是一尊沒有手臂的雕像。保持手臂放鬆和雙手可見，永遠都是更好的選擇。

◉手插口袋

與他人聊天時，將手放在口袋裡也會讓人覺得有些輕浮。我見過客戶在簡報過程中這樣做，他們通常會在口袋裡玩弄零錢或鑰匙，試圖釋放緊張的能量。通常，當人們感到壓力時，他們也會迅速把手伸進口袋。人們有時會選擇這樣站著，試圖顯得輕鬆、愜意，但是最好讓雙手協助表達和敞開心扉。

鎮靜力的暗示將會成真

你的身體可以為你的一天、一個活動、一次採訪或任何人際交往奠定基礎。當你把鎮靜力的暗示給予身體時，它們很快就會成真。如果你感覺不到最好、最強大的自己，那麼可以轉換一下使用身體的方式，你有能力在自己的身體裡創造生化反應，讓你更加冷靜且自信。

先從肢體語言做起吧，一旦做習慣了，鎮靜力就會到來！在採訪、演講、激烈的談話或談判之前，或是任何你必須為自己加油的時候，都要真的站起身來！身體打直，抬起你的頭，開啟你的肢體語言，站穩腳步，不要在身上摸來摸去，鬆開你的手臂和腿，讓你的身體展現出你已經準備好迎接任何會遇到的事情。前幾次你可能會感到赤裸、尷尬或奇怪，但你越是讓自己以堅定和開放的方式站立（和坐著），你就會越早變得更強大並擁有更多的鎮靜力。

既然你了解了如何使用你的肢體語言來展現冷靜和自信的自己，那麼讓我們將這些強大的技能帶到聚光燈下，繼續進入「公開演講的鎮靜力。

肢體語言的鎮靜力可以提升冷靜的溝通技巧是因為：

- 懂得如何表現出冷靜的姿態並避免顯現壓力的習慣。
- 在活動、採訪或任何人際交往中，能夠自我察覺如何用肢體語言來安定週遭的人。
- 改變你的肢體語言來影響你的態度、情緒狀態和壓力水平。

肢體語言可以提升自信的溝通技巧是因為：

- 察覺到你的身體正在傳達的非語言信息。

- 意識到，當我們習慣於縮小自己的存在時，敞開心胸並凸顯我們的存在感會讓人感到尷尬、脆弱和懼怕，但只要加以練習，你就會獲得越多鎮靜力。
- 明白如何運用開放的肢體語言、姿勢、手勢和位置來展現強大的存在感。
- 懂得如何解讀週遭人們的肢體語言信號，如此一來就可以提出更有力的問題，從而更加了解他們的情緒和需求。

肢體語言鎮靜力的反思

列出你利用肢體語言減少自己存在感的三種方式：

列出你可以使用肢體語言來增加你的存在感並顯得更有自信的三種方法：

列出你可以運用肢體語言來顯得更冷靜的三種方法：

在觀察另一個人的肢體語言時，你現在會注意哪三件事？

第14章 公開演講的鎮靜力

「所有的談話都算得上是公開演講，無論對象是一個人還是一千個人。」

——羅傑・勒夫（Roger Love）[1]

在我上大學的商學課之前，我從來沒有在教室前面做過任何大型演講。纖瘦、蒼白、嚴肅的老師咬著臉頰內側，但她很嚴厲。我要講的主題跟股市有關，我感到很緊張。父親建議我把一件有趣的事納入演講，那就是華爾街在談論金融市場時使用的牛市和熊市術語的起源。

我得知的說法是，當公牛打架時，牠們會用角往上頂，而熊打架時會用爪子撲倒對方；因此，牛市代表上漲，熊市代表下跌。我對自己準備的演講素材感到滿意，但坐在教室裡卻很害怕老師叫到我的名字，輪到我上臺時，穿越整個教室的走道感覺特別漫長，感謝上帝能讓我在講臺後面講話，因為它可以遮住我顫抖的雙腿。但那天我上了寶貴的一課。

順利完成報告後，教授走過來告訴我，她以前從沒聽過關於牛市和熊市的趣聞，她很高興我的演講讓她長了知識，也給她留下深刻的印象。我感到如釋重負。我無法相信這個冷酷的女人居然也會覺得有趣，那是我第一個神奇的時刻。我了解到，只要我能提供一些有價值的事物，那麼我的緊張對臺下的人來說並不重要。

大多數人都會碰到必須在一群人前面說話的時刻，可能是認識的一小群人，也可能全場都是陌生人，但不只是你，對於大部分人來說在這種情況下都會感到不太自在，畢竟這不是天天都會碰到的事，因此遇到這種狀況時會讓人感到不安。假如你需要不斷做這件事，到頭來你就會習以為常，漸入佳境。那麼，如果你還不習慣，而且也認為自己不擅長此事，你可以怎麼做？以下我們就來一一分析吧。

為何偏偏是你？

首先，想想為什麼要由你來演講，有人認為你會做得很好嗎？這是你工作的一部分嗎？這個資訊對你本人來說重要嗎？反過來看——為什麼你的演講對這些聽眾很重要？大多數人心裡的第一個反應都會是：「如果我搞砸了怎麼辦？」、「如果我聽起來很蠢怎麼辦？」、「如果我忘詞，或是心跳太快，變得口乾舌燥怎麼辦？」我們專注於事情是否出錯，我們只著眼於自己，「如果怎樣怎樣」，還有「我、我、我」。沒錯，你的確是傳訊者、當前的專家、老師、演講者、站在臺上、拿著麥克風、站在聚光燈下的人——但是這一切根本無關乎於你。

你不是主角

關鍵就是：這一切與你無關，它必須與你的觀眾有關，你如何幫助他們理解某些事？你如何教育、鼓勵他們、賦予他們力量或提供娛樂？他們想要或需要從這場演講中獲得些什麼？給他們一些有價值的東西，把觀眾當作你的首要任務，這是場完全關於他們的節目，甩開你的糾結，別活在自己的世界裡，把焦點從自己身上移開，專心替那些受眾服務。怯場的罪魁禍首就是過度關注自己。

擁抱緊張的情緒

會緊張是件好事，很多時候，人們會因為自己容易緊張而緊張！如果在沒有任何緊張情緒的情況下參加演講或採訪，你就會像一顆未爆彈。

就算你很緊張，也不代表你不會有好的表現，我們需要那種緊張的情緒來變得更有效率。

曾經身為紐約一家小型電視臺的一名年輕記者，我有幸採訪了一位傳奇的舞台劇和電影演員海倫・海絲（Helen Hayes）[2]，當時電視臺的球隊正在與當地的知名人士進行明星慈善壘球比賽，我毫無經驗，所以非常緊張，但能坐在海絲女士旁邊的休息區，我還是很開心。我提出預備好的問題，對方很熱情友善，也很大方，而我則因為緊張不已而頻頻向她道歉。

她看著我說：「親愛的，當我不再緊張時，那就把我放進棺材吧，因為那表示我已經掛了！」

我感到困惑，這位在聚光燈下闖蕩超過半個世紀的知名實力派演員，怎麼還會緊張？於是我向她尋求更進一步的說明。

她告訴我：「忐忑不安是件好事，會讓你變得更敏銳，表示你仍然有熱情和欲望，也代表你有認真看待你在做的事。」她繼續告訴我，失去企圖心和自以為是是她最大的恐懼。緊張的情緒充滿了興奮、活力、勇氣和膽識，她可不想失去那種讓她感覺還活著的快感。她告訴我，要接納那些不安，但也要記住，我們的任務是「化阻力為助力，而不是讓這些情緒阻礙我們」。

她建議我把緊張情緒的標籤改成「興奮」——對於機會的興奮感。如果都不會緊張，我們可能會看起來沒有熱情或是很敷衍。我寧願坐在觀眾席上聽一位有點緊張的演講者說話，也不願聽一位平淡、死氣沉沉、只是想快點講完的演講者說話。請記住，就算你很緊張，也不代表你不會有良好的表現，很多人儘管緊張也能夠成大事。

放下任何負面的往日經歷

千萬不要把自己和失敗畫上等號，不要一天到晚談論它們，也不要一直去想，請轉身遠離它們——不管它們是什麼。我們經常背負著失敗，就像一堆沉重的重物在後方拖累著我們，拖慢我們的步伐，令我們疲憊不堪。

我們無法改變過去，覆水難收，何必一遍又一遍地在腦中重溫呢？放手吧，對它們釋懷，繼續向前進。有幾種方法可以做到這一點：

我曾在一張紙上寫下我認為自己失敗的事情，接著把那張紙揉成一團丟進垃圾桶，不知何故，這種實際的作為讓我更容易把它拋在腦後；還有一種方法，是將你的經驗用電腦打出來，接著再刪除，同時想像著把它從你的腦海中一併刪掉。沒錯，我們可以也應該從錯誤中汲取教訓，但如果不斷重溫，它們將成為路障而不是道路；不要讓那一次糟糕的演講困擾著你，不要讓糟糕的經歷或成果降低你創造未來的期望。讓每一天和每一次都像張白紙一樣，成為嶄新的體驗。

開場前的痛苦時刻

我的許多客戶都會談論到在演講前最初幾個令人痛苦的時刻，他們的害怕來自於像是心跳加速這類的身體反應，可是一旦熬過最初的那幾分鐘，隨著身體的調整，他們就會開始穩定一些。當我正透過電話與一位潛在客戶討論這個問題時，我靈機一動，以火箭發射作為比喻。想想火箭從發射臺升空所需的所有壓力、燃燒的燃料、煙霧和努力，一旦突破大氣層，進入太空，它就會安靜地飄浮著，壓力全失。

如果沒有時常做演講，我們就會害怕，產生抗拒，告訴自己這些壓力、能量或身體和情緒反應不該出現。為什麼我們會這樣想？因為我們的舒適圈被破壞了。讓自己接受不自在的感覺吧，這是我們與觀眾一起成功展開旅程的重要因素。

在講臺上，相信自己就像是位船長，即將帶領觀眾進行一次令人大開眼界的旅程，並了解這些感覺都是對這一切感到興奮的一部分。但是，要怎樣才能做到？

首先，要意識到，是腎上腺素讓你變得敏銳，讓你在一群人面前變得強大而充滿活力；其次，請記住，無論有多麼緊張，通常只要撐過前二十秒，就會漸入佳境，穩定下來。所以告訴自己，只要勇敢二十秒就好了。這對大多數人來說都能做到。

第三，開始為這些緊張的感覺貼上不同的標籤，聯想到即將會有令人興奮的事情發生，而且你還有機會以某種方式幫助他人。

去請教任何一位經驗老道的演講者，他們會告訴你，一旦不會再躁動不安，他們就需要在演講前尋找讓自己充滿活力的方法，這樣才不會顯得演講乏善可陳；某些運動員和冒險家越玩越大，越做越絕，也是基於同樣的原因，他們習慣衝刺，需要不斷找尋新的刺激。

披上斗篷

在別人面前說話時的緊張感是一種本能反應，如果你理解並接納它的力量，就能讓身心做好準備來應付眼前的任務。腎上腺素是我們的荷爾蒙超能力，它是我們引擎的燃料，可以增強和擴大我們的所有感官。

我們都聽說過，一位母親突然能夠舉起一輛汽車，將壓在車下的孩子救出來，也聽說過像超人那樣拯救他人脫離險境的英勇行為。

是腎上腺素的力量讓你有戰或逃的感覺。腎上腺素就等同於流經大小血管的液態黃金。如果腎上腺素能夠讓一個人舉起一輛三千磅重的汽車，那麼你也可以善用這股力量，而不用刻意抵抗，而這麼做可以使你保持鎮定。感到腎上腺素攀升時，不要想著：「哦，不要！我很緊張，緊張是不好的！」反而要告訴自己：「我的超級燃料來了！我可以走得更遠，征服世界！」

讓我們回到火箭比喻——這次我們把它延伸到太空船吧！發射需要燃燒火箭燃料（腎上腺素），對於太空船（或太空梭）的船長來說，懂得如何在升空後駕駛它，並且知道到達目的地的路線也很重要。你不會讓孩子或平民負責那艘太空船。但船長有一個計畫，知道如何進行設備檢查，察看所有系統，確保有足夠的燃料進行旅程，返回地球並安全著陸。

公開演講也有類似的確認清單：知道你為什麼在那裡（你的意圖和目的地）；了解你的團隊成員（了解你的聽眾以及對他們來說什麼是重要的），了解你的設備（你的聲音、你的肢體語言、眼神交流、環境和實際的配備，如果有的話）；計畫旅行的長度（演講的時間長度以及在整個過程中你需要具備什麼？）；並確切地知道你要如何結束（回家和著陸）。

我認為平心而論，大多數太空船的旅程都不是讓船長去玩樂或爭取表揚的，之所以會有這些旅程，是希望以某種方式造福全人類。請立志讓你的公開演講成為一種幫助他人成長和學習的服務之旅，用新的想法和新靈感觸動人們的內在心智吧。

心無旁騖

如果專注於服務，你就不會有太多時間去煩惱事情會不會搞砸，因為你會忙著想辦法幫助你的聽眾學習一些東西、獲得靈感或思索新的想法。你可以站到臺上發表一場完美無瑕的演講，但如果觀眾無法帶著有價值的東西離開，他們就不會認為這是一場精采的演講。

然而，即使你結巴或忘詞，觀眾也會記住並感謝你給予他們知識、動力或靈感，他們搞不好根本就不記得你所犯下的錯誤，只覺得你很厲害，因為你賦予他們一些可以用來改善工作或生活的實質幫助。

帶著禮物來

將演講視為一份禮物，一個能改善他人生活的禮物。假如是銷售展示，請下定決心幫助聽眾實現他們的目標，而不是銷售你的產品或想法。

- 始終專注於創造更多價值。你的觀眾將獲得什麼？你的聽眾總是關注「這裡面的內容對我有什麼意義？你必須深入了解並專注於這一點。
- 請記住這句話：「人們只想知道你有多關心他們，而不在乎你懂得多少。」不要刻意給他們留下深刻的印象，專心幫助他們。

- 你的資訊、產品或服務必須毫無疑問地說服你自己，如果你不相信自己的產品、服務或想法，那麼其他人也不會相信。如果你覺得這場演講不過是你的工作，又或者你是迫不得已，只求過得去就好，那麼你的聽眾也會感受到這種態度。
- 堅持自己本身的高標準，盡最大努力做好每一件事。

減少敏感的鎮靜力

當我在紐澤西州主持第一個當地的現場連線節目時，我們每個月只會直播一次。每個月的直播都像砍掉重練那樣，前半小時我緊張又生疏，後半小時才會找到自己的舒適區和節奏，變得放鬆和享受；但是一個月過後，我依然戒不掉我的緊張，無法適應這個環境。

這就是為什麼公開演講對大多數人來說如此困難——因為他們不必每天都這樣做，他們感到不習慣，而且由於這類活動鮮少遇到，所以每次面對時總是令人傷透腦筋。你可能只會將它與負面情緒聯想在一起。當我每個星期、甚至每天播出時，我的信心才會開始增加。不斷嘗試你害怕的事情，到頭來你就會戰勝恐懼。

我刻意讓我的兒子從七歲起就站在教堂的講臺上，在容納兩百人以上的場地前方對著麥克風朗讀文章，讓他習以為常；他太年幼了，還沒有形成對公開演講的恐懼，也沒有聽到人們談論他們的恐懼。很多時候，我們的恐懼其實來自於別人的故事！我沒有強迫他，只是讓這件事聽起來好玩一點，有時我也會朗讀，所以他覺得我們是輪流進行。

現在他在課堂上演講游刃有餘，一點也不會怯場。關於恐懼的奇特真相是，當你面對它時，恐懼很快就會消失，因此請逐步瓦解你的恐懼，解決這個難題，你做得越多，這件事就越容易。

沒有熱情與活力，就等於沒有觀眾

公開演講的祕訣是你必須具備真誠、情感和熱情。你必須全心全意相信自己所闡述的內容，對它充滿熱情，希望它能使觀眾受益。

- 你必須感受和經歷你想要談論的內容，熱情可以消除懷疑、負面的自我對話和恐懼。
- 熱情需要被聽見和看見，尤其是透過我們的臉部表情、肢體語言和聲音活力，這些都必須同步講述同一個故事。
- 你必須真的感受到熱情，然後才能用語言或非語言來表達。
- 如果你被分配到一個你不怎麼有感的話題，你必須盡一切努力在你的話題中找到熱情和狂熱——即便不是為了你自己，也應當為了你的聽眾，想想為什麼這個主題對他們來說很重要。

找到愛

找個理由去喜歡你的觀眾，如果能找到一個「愛」觀眾的理由，那就更好了。你們必須一起經歷這種體驗，這是我們共有的人性，觀眾會反映你的活力、情感和氛圍，愛自己、愛人類、愛你的觀眾。

我相信擁有公開演講鎮靜力的第一要訣就是與聽眾站在一起，而不是與他們分開，這裡並非意味著你需要親自在他們中間走動（如果你真的做到的話就太棒了），而是你需要讓他們對你的方法、意圖和活力感同身受。

了解他們的需求和顧慮，把自己想像成他們當中的一員，而不是沒有交集的平行線。尋找彼此的關聯性，講他們的語言，站在他們的角度進行討論和對話。沒有人想要單純地聽演講，不要只是丟出大量的資訊，用故事、類比和隱喻吸引他們。想辦法享受與他們同在的樂趣，和他們一起享受當下，當你感覺與觀眾有所連結時，你的鎮靜力就會增加，你的可信度也會增加。

運用想像

想像一下，你的演講進展順利，所有事情都順利到位，相當成功，你的觀眾也很享受。令人驚訝的是，我們很容易就能明確地想像出什麼地方可能出錯、我們不想發生什麼事、我們不想有什麼樣的感覺……人們對此非常擅長，以至於他們的身體甚至開始做出反應：心跳加速、冒汗、噁心、頭暈和害怕，光是用想的就能產生這些現象——問題甚至都還沒發生呢！視覺化非常有效，那麼何不利用它來發揮自己的優勢呢？把事情反過來想像才有意義。讓自己僅以正面的角度想像演講畫面，設想自己站在觀眾面前，預想你成為心目中強大、知識淵博和樂於助人的演講者，看著整個演講在你的腦海中順利進行——直到最後接收到問題和回饋。這個作法被稱為預先鋪陳，它會以一種非常積極的方式對你的潛意識進行編寫。

頭腦不知道我們以生動的細節想像與實際表現之間的區別，如果你在演講前多次主動進行這種視覺化練習，你的潛意識將處於自動駕駛狀態，能夠幫助有意識的頭腦按照你編寫好的計畫工作。偉大的運動員一直都在運用這種視覺化，試想，如果他們想像自己錯失得分，他們還會成功嗎？

準備

你的觀眾非常願意與你見面，他們希望你成功，沒有人願意坐下來觀看一場糟糕的演講，他們期望看到精彩的演講，因此會原諒你的缺陷、錯誤或失誤，但如果你沒有準備好，他們不會原諒你。身為演講者，你需要成為全場最棒的人，努力比現場的其他人更了解你的主題，才能表現得泰然自若。舉止要莊嚴，但不要在人面前裝腔作勢。充分了解你的內容，才能讓你相信自己，明瞭你可以獨立完成這項工作——儘管並不完美，即使事情無法總是按照計畫進行也沒關係。鎮靜力也是如此：如果你拖到最後一分鐘才準備演講、說出你的想法或找到你的勇氣，你可能沒有足夠的時間在需要時鼓起勇氣，因此請花時間準備。正如那句古諺：「在你口渴之前先挖好你的井」。

做筆記

我發現準備演講或簡報的最佳方法是先確定你的主要目標是什麼，你希望或需要你的觀眾從他們與你共度的時間中學習到什麼？接著處理主要內容，不要擔心你該如何開始演講或如何結束演講，確定你需要討論多少個主題或分解成幾個部分，然後為你需要探討的每個領域寫下腦力激盪的草稿，編輯和微調你擁有的每個部分，然後按照邏輯依序將它們整合在一起。

現在你已經有了演講的主體，請完整閱讀幾遍，在可能出現缺漏的任何地方進行更改。現在，你可以從演講的宏觀角度來處理，根據你想要如何介紹你現在擁有的內容來寫你的開場白，從一個能激起某種情感的故事開始——這是最佳的起頭方式之一，然後寫出結尾來總結一切，強調關鍵的重點，並告訴你的觀眾他們如何在離開後將你所呈現的東西加以運用。

現在你有一個從開頭到結尾的完整腳本，但你還沒有完成。如果你照本宣科並將其呈現給你的觀眾，你就不得不一頁頁地閱讀它，你會低頭看，而不是與你正在對話的人進行眼神交流，你會看起來和聽起來像照著稿子唸，此時不可能聽起來像聊天一樣。那麼你如何避免這種情況呢？

這時候就要逆向操作，將你擁有的所有內容轉化為記事卡上的要點。起初這聽起來可能很可怕，但當你這樣做時，你將會內化大部分的資訊，你將了解並明白你的概念。這就是為什麼你永遠不應該拖延準備演講的原因，一個克服公開演講焦慮的可靠方法是感覺你已經有了萬全準備，請避開等到最後一分鐘的陷阱，拖延會讓你對公開演講的恐懼成為自我實現的預言。

用清晰的大字書寫，替每張卡片編號，以防你弄丟它們或搞亂了次序，使用你自己的個人速記、關鍵詞和標題將你的完整腳本變成骨骼架構，以提示你進行討論。這樣你只要低頭看一眼，抓住一個要點提出來，然後和你的觀眾談論它，藉由討論這些要點的對話，你會逐漸把肉和脂肪重新放回骨骼結構上，如果你實踐這個部分，你將擁有更多的彈性，同時給人健談、投入、真實和有魅力的印象。

我還得講多久？

另一個媒體訓練客戶是一位才華橫溢的居家裝潢專家，我們多次合作為他準備三到四分鐘的電視節目，他也習慣準備一些要點和提示。電視採訪是小菜一碟，大多數客戶只需要微調他們的談話重點以適應這些快速變化的市場區隔，這名客戶很擅長，而且在直播時總是很開心。後來他被要求為一個網站項目進行半小時的居家裝潢簡報，他感到驚慌失措，心想：如果沒有採訪者的提問，我怎麼可能靠自己撐完全場？

我建議他將時間拆解成多個段落，而不是煩惱整整半個小時，我讓他選擇三個他想關注的主要話題，給每個主題大約十分鐘的時間。然而再進一步分解，在這三個主題中，他可以分別談論哪三件事？我們給每個次要主題分配了三分鐘的時間來討論。突然間，他擔心自己沒有足夠的時間！（數學計算如下：3×3＝9和9×3＝27）所以現在我們有二十七分鐘，還有三分鐘的時間可以填滿，他的介紹和總結可能各佔一分半鐘。頃刻之間，他準備好了這半個小時！他漂亮地完成這場簡報，大獲觀眾好評。

準備好你的特寫鏡頭

是時候為自己錄影了，回顧你的要點，不要死記你的事前準備，把一切融會貫通，堅定地呈現你希望觀眾掌握和理解的概念。

製作一個大綱，就像一個你可以低頭看的目錄，然後簡單地談論每個要點和各個部分。因為你對所有內容已經瞭如指掌，所以列出來的要點應該可以為你提示重點，這樣就可以與你的觀眾進行更靈活的對話。

現在替自己準備一臺攝影機和一個三腳架。如今，數位相機很容易取得，而且價格非常實惠，而且你的朋友或家人很可能有相機可以借你用。或者，為你的手機準備一個三腳架。

練習幾次你的重點提示，然後替自己錄影，如果你獨自進行可能是最好的，你或許會覺得很傻，但你是唯一看到整個過程的人。確保以廣角鏡頭記錄自己，以便從頭到腳看見自己的全身；嘗試進行至少三到五分鐘的演說；不要直視相機，而是讓它朝著你；假裝你在這個空間裡對觀眾說話，如果可以的話，試著忘記相機的存在。

現在重複播放，多看幾遍。以下是你應該尋找的方向：你在那裡看起來很開心嗎？你充滿熱情嗎？你的臉部表情與你所說的話如出一轍嗎？你的肢體語言在述說什麼呢？再看一遍，這一次關掉聲音，純粹觀看你的臉，它和你所描述的故事有一致嗎？現在重新打開聲音，你的聲音聽起來堅強還是微弱？

透過一遍又一遍地這樣做，你會開始看到自己的優勢和劣勢，你可以對自己的語言和非語言溝通技巧進行調整和試驗。試著從外部的角度觀察自己，不要成為嚴厲的批評者，讓自己放鬆，明白這是一個過程，尋找你喜歡的部分以及你想要改進或改變的地方。如果你對演說感到緊張或不熟悉，很有可能是你說得太快了，知道這一點以後，在你開口說話之前深呼吸；不要專注於演講的長度，每次採用一句話或一個段落，讓你的觀眾消化它。有些人操之過急，因為他們不想佔用觀眾太多的時間，但是如果你著急，你的觀眾會錯過你所說的大部分內容，這樣就真的浪費了他們的時間。

盡量減少分散注意力的習慣

◉「你知道」

你是慣用「你知道」的人嗎？遺憾的是現今有很多人都這樣，我認為人們覺得這已經成為閒聊的一部分，但這是個壞習慣。正如我父親時常說：「如果我們知道，就不需要你來告訴我們了。」當這個詞語在短時間內反覆使用，往往會讓一個人聽起來很緊張、不成熟和對自己感到不確定。

幾年前，一位備受矚目的政治候選人在紐約當地的一個新聞節目中擔任來賓，也許出自於緊張、不自在或毫無準備，這位可憐的女士坐下來接受記者採訪時，肯定說了一百多次「你知道」；我認為這麼做減損了她的可信度，因為她的陳述不夠單刀直入，她無法掌控自己的聲音和存在，也沒有得到這份工作。

避免在演講或採訪中出現「你知道」的最佳方法，就是在日常對話中別再說出這個詞，並開始注意別人是否也會這麼說。這句話真的會讓你抓狂，於是你會開始避開這句話，如果你在日常談話中擺脫這種習慣，你就不太可能在採訪和演講中說「你知道」。

◉對嗎？

為了加入對話並尋求他人的認同，有些人有這樣說話的壞習慣：對嗎？通常緊接著一段聲明之後，好像要立即得到他們談話對象的理解或認可，但是過度使用它會令人厭煩，而且聽起來似乎居高臨下。如果他們同意你是正確的，他們就會表達出來。

◉瘋狂使用語助詞

嗯、啊、唉、啊……這些你一定都聽過，你可能自己也隨口說過。「口頭塗鴉」（Verbal graffiti）是一個可愛的暱稱，用來描述我們在害怕死氣沉沉或當我們不確定自己到底想說什麼時，卻不得不繼續說話時使用的那些填充詞和聲音，我們說話的速度越快，口頭塗鴉就越活躍。

二十多年來，我一直是美國演員協會暨美國電視和廣播藝人聯合會的成員，並且有幸出現在全國廣告、電影和電視中，我可以從看過的劇本中告訴你，當角色被描繪成緊張、毫無準備、不自在、困惑或沒有受過教育時，口頭塗鴉通常會寫進劇本當中。因此，在你發表演講時盡量不要出現口頭塗鴉是非常重要的——在任何時候與任何人交談時也一樣。以下提供一些辦法：

- 減少口頭塗鴉的最佳方法之一是，首先，要意識到你有這個習慣，當你說話時替自己錄影或錄音，或者讓朋友或家人訪問你，重頭播放並仔細聆聽。
- 你還可以詢問朋友和家人有沒有注意到你用嗯和啊填補空檔，請他們在每次聽到時，指出來或拍拍你的手臂。
- 慢一點，慢慢來，注意你自己何時可能講得太快，尤其是在你緊張的時候，提醒你自己需要放慢速度。

- 不要因為你覺得自己不想佔用別人的時間而加快速度，不要為了「盡快結束它」而講得過快。
- 努力接納短暫的沉默。
- 用停頓代替填充詞。

明白停頓是聰明的象徵，顯示你正在思索所有事實、過濾資訊或努力回想資訊以確保準確性。

◉說話不清楚

我最近在飯店會議室參加了一場演講，聽一位知名體壇教練談論他的訓練和激勵技巧，我曾看過一部關於他的紀錄片，並從他眾多的著作中買了幾本，我必須承認自己有點著迷，而且超級興奮終於能夠親自看到他本人。

令我驚訝和沮喪的是，他是個低語者！我坐在前面第二排還是很難聽見他在說什麼，飯店工作人員進來幾次，把音響系統的音量調高，但問題是他說話太輕柔，麥克風也沒有靠近下巴，他把麥克風放在胸前，輕聲說話——工作人員完全幫不上忙。

他有珍貴的資訊和引人入勝的故事要分享，但我們都必須非常專注才能聽到他的聲音，以至於我逐漸放棄和放空，我看得出來，其他在場的觀眾也有同樣的感覺，現場充滿了焦躁的氛圍。更糟糕的是，即使他手持麥克風，他一直固定在講臺後面，這個講臺像我們之間的一道屏障，這種情況一直持續到休息時間。

休息時，我走近他的一位同事，詢問他們是否可以讓他把麥克風舉到離下巴更近的地方，他們的回答令我吃驚，他們告訴我他不喜歡使用麥克風！我睜大眼睛告訴他們，雖然情況可能是這樣，但是現場沒有人能聽到他的聲音，人們開始離席，所以他們最好跟他說一下。

休息結束後，他確實開始將麥克風靠近嘴巴，然後又迅速回到原來的位置——我們繼續痛苦地聽他說話。在這種情況下，我渴望地想要聽見這個人所說的一切，但我發現自己也想知道我還得忍受這種痛苦多久。

想像一下，如果你的觀眾不像我一開始想見這個人那麼興奮，不要讓你的觀眾必須費盡心思才能聽到你的聲音，請銘記於心，即使是最好的演講者，人們也會自然而然地專注和放空，思考其他事情。隨著我們在數位世界中接收和消化資訊的方式，注意力的持續時間越來越短，如果你無法清晰地聽到演講者的聲音，你的心思就會飛到九霄雲外，坐在那邊希望演講趕快結束。

◉不要吝嗇你的微笑

你在演講開始或結束時微笑了嗎？你究竟有沒有笑過？正如我在本書中已經提到很多次，緊張、毫無準備或缺乏鎮靜力的人不會微笑，如果你已準備妥善並且對要說的內容瞭如指掌，但你仍然沒有笑容，那就會向你的觀眾傳送錯誤的訊息，讓他們認為你難以接近、不熱情或缺乏情商。

◉怪癖和突發行為

看看你是否有任何令人分心的習慣，比如頻繁地調整你的眼鏡，用手整理頭髮，或是把頭髮甩到後面。如果頭髮很容易擋住視線，你需要在發表演說之前噴一些定型液或抹髮膠，這樣就不會在演講時擺弄它。

當你集中注意力時，你會做出鬼臉或刻薄的表情嗎？你經常舔唇或咬唇嗎？你會扭動雙手還是搓揉手指？這些無意識的習慣和安慰動作會令人更加關注你的緊張情緒。矯正令人分心的習慣的先決條件是先意識到它，這就是為什麼給自己錄影是如此有價值的原因。

檢查你的肢體語言

回顧第十三章〈肢體語言的鎮靜力〉，檢視你的肢體語言。你會無精打采、踱步、搖擺不停、緊握雙手或者用力緊握你的筆？請記住，姿勢是你的第一個溝通工具，請習慣於站直身體，雙腳保持平衡。人們喜歡對稱，當你站直且不傾向任何一邊時，觀眾會更喜歡你。

讓手臂保持最開放和最吸引人的方式是筆直向下，放鬆地置於身體兩側，隨意移動並使用手勢。切記不要緊握雙手或將它們放在口袋裡或背後。當雙手緊握在一起時，它會阻礙自然的手勢動作並扼殺氣氛和交流，緊握的雙手往往被解讀為有壓力。

我指導過的一位執行長在進行簡報時總是想要把雙手插在口袋裡，這樣讓他看起來像穿著緊身衣，也讓他整個人扭來扭去，因為他不能用雙手做出手勢。他告訴我他的用意是讓自己看起來很隨意和放鬆，當我向他展示影片中的樣子時，他感到很震驚。

正如我之前提到的，緊張或有壓力的人傾向於把手塞進口袋。當我們認為自己在努力表現冷靜和隨意時，卻無意中傳送這樣的訊息難道不會很可怕嗎？

不幸的是，我們經常習慣於以保護、防禦或內向的方式站立，甚至毫無自覺，人們習慣於用交叉的雙臂擋住和遮掩他們的身軀，或者靠在牆上或桌子上，而不是純粹站得筆直且高大。如果你盡情展現肢體語言，不要隱藏你的手或抓住物體作為支撐，你會看起來更堅強和平易近人。

鎮靜力的站姿

想像一下桌子上有兩杯水，一個又高又瘦，另一個短而寬，現在想像一下你撞到了那張桌子，哪種玻璃杯最容易傾倒？我指導我的客戶和學生在演講或站在鏡頭前表現時以穩定的姿勢站在地面上，雙腳分開，平放在地板上，我要求他們想像他們的腳就像一棵強壯橡樹的根。有些人很難採取這樣的站姿，一些客戶希望在站立時將腳踝交叉成X形；有些人喜歡在說話時讓腳趾朝上，並轉動腳後跟；還有人像在等待嬰兒出生一樣來回踱步；其他人則將重量放在某一側臀部，然後向另一側傾斜，或者將一隻腳放在另一隻腳的前面，就好像他們即將開始比賽一樣。這些姿勢都會導致人們失去平衡，失去對稱性，藉由不必要的動作消耗能量，並且感覺不夠堅定。由下而上建立堅實的基礎很重要，保持雙腳稍微分開，大約與肩同寬，挺直站立但不僵硬，你會給人踏實的感覺。

單純的對話

小說家菲利普．普曼（Philip Pullman）[3]說：「除了營養、庇護和陪伴，故事是我們在這個世界上最需要的東西。」我認為英文應該把presentation這個詞刪除！沒有人喜歡被「展示」，但是當有人像普通人一樣與我們交談時，我們都能樂在其中，若是告訴我們一個好故事就再好不過了。

任何正式或非正式的演講都應該是你與觀眾進行的人性對話，他們想感覺到你是真誠的、平易近人的，並且單純地與他們討論事情，話題是否嚴肅或正式並不重要，總會有一種方法可以探究你所說的話與交談對象的生活之間的關係。

當我在現場直播突發新聞或醫療和金融企業媒體時，儘管話題可能很嚴肅，但我仍然努力尋找方法來讓我傳達的話盡量真實且口語化，努力運用我能找到的任何人性元素，畢竟人們只是希望你與他們對話。請回想我們在小學時是如何學習的，誰不喜歡講故事的時間？無論是有人為我們朗讀還是給我們看電影或影片，這樣似乎更像是一次有趣的休息時間而不是教學課程，不是嗎？所以，把自己想像成一個優秀的講故事者和健談者，想想你如何與家人、朋友和同事聊天，難道不會經常穿插一些故事嗎？如果你把它視為你的目的和實踐，你也可以在你的公開演講中成為一個優秀的講故事者和健談者。實際上只有兩種方法可以分享你的知識，你可以直接告訴人們，也可以藉由故事吸引他們。你的故事是什麼呢？

確認技術問題

◉仔細勘查

事先了解你即將進行發言的場地環境，可能的話，請先做場勘，或是提早抵達。我最近不得不在另一個州的飯店會議室發表演講，於是我在飯店網站上查看了一些會議室的照片，這個做法讓我對這個地方更加熟悉，幫助我根據背景牆的顏色選擇穿著（你也不想融入背景，穿著和牆壁同色的衣服吧？），讓我覺得像是以前去過了一樣，讓我搭飛機前往之前先快速建立熟悉感。

◉麥克風沒問題了嗎？

我很不喜歡固定在講臺上的麥克風，因為講臺會擋住你和觀眾，讓你沒辦法四處走動和充分利用空間；但有時我們別無選擇，不得不站在講臺後說話。如果你被局限在講臺上，可能會想增加一些手勢，提高頭和臉部的講故事技巧，以彌補講臺的障礙。由於講臺本身的形式，人們往往會感受到過於制式化的演講，盡量不要讓這種情況發生。

如果你還在找自己演講中的舒適區，那麼講臺的存在絕對有好處，它們可以隱藏顫抖的雙腿，讓你不會覺得自己被一覽無遺，你可以把你的筆記放在上面，並在那裡放一杯水，以備口渴時可以隨時拿起來喝。

如果可能的話，盡量從講臺後面走出來，移動也有助於擺脫一些可能正在流動的腎上腺素，與觀眾隔開會比和他們在一起來得要有距離感。如果遇到固定於講臺的麥克風，請看看能否將麥克風從底座上取下，改成手持的形式，以便讓你四處走動。如果它是鎖定在原來的位置，那就得放在靠近嘴巴的位置，以便你可以直接對著它說話；但不要看起來像吃冰淇淋甜筒一樣，當你說以ㄅ或ㄆ開頭的詞語時很容易會噴麥。

不要讓自己的臉被一支大麥克風擋住，調整一下角度，使它不會呈現直立；如果麥克風很小，請確保擺放的位置，你不必低頭對它說話，讓你的頭可以抬起來並面向觀眾，而不是低頭看你的筆記。

事先詢問是否可以為你提供手持式麥克風或領夾式麥克風，後者是一種附在翻領或衣領上的小型麥克風，看起來像你看到新聞主播和電視主持人佩戴的麥克風。最佳的音效設備是無線麥克風（手持式或領夾式），讓你與聽眾交談時可以自由走動，你可以活用你的舞臺或演講區，讓自己輪流朝著不同聽眾的方向演講，如此一來就能產生包容性和互動性，讓你與觀眾建立連結。

◉檢查音響設備

所有的音響系統都不太一樣，有些飯店、會議室和其他場所的音效品質很差，我強烈建議你在演講當天早一點或前一天晚上到場，並進行音效檢查，以便可以聽看看自己的聲音在這個空間裡的感覺，讓某個人站在場地的後方，以確保觀眾能清楚地聽到你的聲音，還可以幫助你提前聽到自己的聲音，這樣當你開始在觀眾面前講話時，就不會對自己的聲音感到震驚。如果無法提前進行測試，請盡量靠近麥克風且大聲說話，你可以在演講期間隨時詢問聽眾，坐在場地後面的人是否能聽到你的聲音。

如果基於某些原因沒有麥克風的話，請檢查場地的大小，確定自己必須用多大的音量，以便離你最遠的人都能聽見你的聲音，但願你是在一個小場地向一小群人演講。提前站在那個環境裡會讓你感覺更好，先讓自己對空間感到舒適。

早到的另一個重要原因是，你可以在觀眾魚貫入場時與他們見面並打招呼，這樣比起直接站在一個群體面前比較沒那麼嚇人，還能使你有機會建立融洽的氛圍，也許可以進一步了解你如何幫助他們，並且得知他們希望從演講中取得什麼樣的收穫。

應付充滿敵意的觀眾

面對難以應付的潛在觀眾，展開演講的最佳方式是馬上切入主題，開始討論棘手的問題。什麼樣的事情讓他們一開始就可能議論紛紛？你需要了解你的聽眾，理解他們的擔憂，並了解他們想從你的演講中獲得什麼。如果是壞消息或有爭議的事，不要拖著不去談，那只會讓他們更加激動和惱怒。直接切入爭議點將建立你的可信度，並表明你出現在那裡是為了觀眾的利益，而不是你自己的利益。永遠不要心存戒心，試著找到大家共同的目標，即使在最具爭議的情況下，你也可以根據每個人共同擁有的廣泛目標找到某種共識，透過這個目標來展開對話，當你透過讓他們知道「你明白了」來吸引他們的注意力時，他們更有可能想要聆聽你想表達的其他內容，給你機會說出來。

應付臉色陰沉的人和撲克臉

此時，想像你在面試工作或在一群人面前演講時，有些人看起來搞不清楚狀況、無聊、愛批判或尖酸刻薄，又或是你需要應付一個你不認識的人，他們臉上的表情甚至能阻止一小支軍隊的前進。在根據自己所看到的做出決定之前，停下來思考一分鐘，不要妄下評斷。很多時候，當人們陷入沉思、專心聆聽，或只是在神遊時，他們的臉部表情可能會讓人誤會——在我們的行業中稱之為「臭臉人」。

有些人面無表情看起來很嚇人，然而這只是他們不微笑或沉思時的樣子。幾年前，我參加了一個品牌代言人的工作面試，那是我非常想要的一個職位，面試我的那個女人面無表情（簡稱撲克臉），在我們的面試當中，她非常嚴肅和緊繃，令人驚訝的是，我最終得到了這份工作。後來她告訴我，當她找到一個她非常感興趣的人並進入她的決策模式時，她就會變成那副模樣。

在應付臉色陰沉的人或撲克臉時，請記住以下訣竅：

- 這個人可能正在神遊，他們徜徉於自己的腦海中，也許在思索家庭紛爭，還有他們必須做的其他事情，或者純粹是不專心。
- 你可以透過向他們提出問題或讓他們發表評論來讓對方回到當下，你可能是他們需要讓自己振作起來或讓他們從某件事回神的人。
- 這個人可能正在認真考慮以某種方式投資在你身上或僱用你。
- 他們可能只是在專心聽你說話，因為他們在探究你所說的內容，他們在學習，也或許是非常想了解你。
- 這個人可能只是無法自在地做自己，而且不能與人有良好的互動。
- 人們通常會跟隨你的領導，反映你的態度和活力，如果你帶著微笑和真誠的興趣靠近他們，他們可能會突然轉過身來，讓你大吃一驚。
- 有些人天生有一副撲克臉，他們無法克制，所以不要因為他們明顯缺乏表情而評判他們。

- 最後，你可以成為啟發者，有時人們會很高興有人打破沉默，緩解尷尬的時刻，或者看起來夠有誠意透過互動來認識他們。

相信自己已經有萬全準備

輪到你上臺演講時，別想太多，相信自己該做的功課都做好了，而且你也準備好了，然後坦然迎接它。當你開始時，要挺直身體，看起來萬事俱備，堅定自我，進行眼神交流，停頓一下，微笑，然後好好發揮。

漂亮的結尾吧！

好的，所以一切進展順利，但現在你必須做個總結並結束演講，很多人不知道如何優雅地總結且流暢地結束。正如我之前所說，你的演講是你獻給觀眾的禮物，最後，你可以藉由重述你的要點來做一個漂亮的結尾，然後告訴觀眾他們需要採取的後續動作，以便他們可以採取行動並運用你給予他們的東西。

請銘記於心，無論你的演講有多長，你最後講述的內容都會被牢牢記住。請運用古老的三項原則：**大多數人很容易記住三件事，告訴他們自己可以採用的三件事情或可以在某種程度上幫助他們的三個收穫。**然後感謝他們的參與、露出微笑並結束演講。

虛擬世界中的鎮靜力

即使在新冠肺炎大流行之前，越來越多的人已經開始發現自己必須進行虛擬的簡報，透過Zoom、Skype、WebX和Google等虛擬會議平臺進行簡報也帶來了挑戰。許多教師、管理者、醫生、甚至健身教練現在發現自己必須站在鏡頭前，有些人並不情願，許多人在建立遠距社交關係時遭遇到困難。以下是在虛擬世界中找到舒適區的一些竅門：

- 與相機鏡頭進行眼神交流，它可能是你電腦上方的一個小針孔，但是它代表著觀看者的眼睛，當你說話時，甚至在你聆聽的時候，你必須盡可能地直視鏡頭。
- 正確的攝影構圖。將相機放在你的視線水平，這樣你就可以直視相機，而不是向上或向下看；攝影構圖的邊緣要距離頭頂上方一英寸或兩英寸——不能再更高，其他人應該不用看見你的天花板。
- 燈光很重要，它能讓你呈現最好的樣子並讓人們清楚地看到你。購買所謂的補光燈，在網路上很容易找到，將其直接放在你面前，靠近你電腦的攝影鏡頭，這是你可以取得最討人喜歡和負擔得起的燈。不要坐在身後有窗戶的地方，因為你看起來會很暗。

- 用你的頭髮、妝容和衣著來展現最好的一面。虛擬會議近距離地聚焦於個人，所以一定要替你的臉上妝，這樣在光線下看起來就不會反光。
- 在任何會議或課程之前儘早就定位，檢查你的線路、畫面、燈光和音效。
- 進行日常的對話，不要進行演說。
- 可以詢問其他人是否聽得到你的聲音。
- 只要出現在電腦的攝影鏡頭前方，就假定你的一舉一動都會被全程觀看。
- 你的臉部表情和肢體語言非常重要——請複習第十二章和第十三章。
- 把焦點放在你的觀眾身上，試著更加關注他們而不是你自己。
- 專注於你最擅長的事情，教學、指導、分享、娛樂、激勵、啟發。
- 全心投入其中，練習積極地傾聽。
- 提升你的活力，你是透過筆記型電腦或手機的平面二元螢幕上被看到和聽到，與面對面相較之下，你的活力將減少大約百分之五十，因此你需要想辦法做出補償。
- 限制房間周圍的干擾。
- 克服尷尬，你在虛擬環境中見面和講話的次數越多，就會逐漸感覺像正常的溝通情況。
- 請記住，虛擬會議對大多數人而言都是新穎的事物，每個人都像你一樣試圖弄清楚這件事。

我從來沒有忘記當一個害怕公開演講的人是什麼感覺，我時常記起自己在大學商業課程上顫抖的雙腿，但我很感激自己經歷了這些，因為它讓我成為了一個更優秀的教練和訓練師，如果我能克服多年來對公開演講的恐懼，你當然也可以。我們的旅程將進入下一章，討論另一種形式的公開演講，在牽涉到我們的生計和獲得這份工作時，會增添更多壓力和焦慮：「面試的鎮靜力」。

公開演講鎮靜力的重點

- 所有的談話都是公開演講，除非只有你一個人！
- 只要能給予人們一些有價值的事物，你的錯誤和緊張對他們來說根本不重要。
- 把注意力從自己身上移開，專心服務觀眾。演講是你贈送給其他人的禮物，能夠在某種程度上幫助改善他人的生活。
- 緊張使你變得敏銳，顯示你有熱情，意味著你在乎。即使會緊張，也不代表你不會有良好的表現，很多人就算緊張也能成大事。
- 請記住，沒有人喜歡被展示，但是當有人像普通人一樣與我們交談時，我們都能樂在其中，若是能告訴我們一個好故事就再好不過了。
- 當我們不再關注自己而專注於觀眾時，就會發生一件非常有趣的事情，我們突然忘記了自己的聲音聽起來如何，我們的外在看起來如何，以及我們是多麼地緊張。當我們聚焦於他人的需求時，我們便處於鎮靜力的範圍。

公開演講鎮靜力的反思

列出你可以在公開演講的情況下，提供服務和價值的三種方法：

列出你可以準備好在公共場合發表任何言論的三種途徑：

對於公開演講，你可以透過哪三種方式重新定義「緊張」這個詞？

為了讓你自己變得更自在，請列出練習公開演講的三種方法：

注釋

1 羅傑．勒夫（Roger Love）是住在美國洛杉磯的聲樂教練，曾與許多歌手、演員和演說家合作過。

2 海倫．海絲（Helen Hayes）是活躍於二十世紀的美國女演員，曾獲得奧斯卡最佳女主角獎、東尼獎、葛萊美獎以及艾美獎，是第一個贏得表演獎大滿貫的人；不過她的主要聲望還是建立在百老匯的舞台上。

3 菲利普．普曼（Philip Pullman）是英國著名小說家，大學畢業後曾擔任中學教師，後來成為全職作家，暢銷作品有《黑暗元素三部曲》、《英倫懸疑四部曲》等等，前者獲獎數次且已經翻拍成影集。

第 15 章
面試的鎮靜力

「在一次求職面試中，我往杯子裡倒水，但是有點溢出來，『緊張嗎？』面試官問道，我回答道：『不，我總是付出一百一十分的努力。』」

——無名氏

我在克雷格名單（Craig's List）[1]上刊登一個行政助理的廣告並開始面試，當時我用娘家的姓氏墨菲和帕特這個名字，該廣告上有我個人網站的網址，裡面涵蓋有關我和我公司的所有資訊，包括圖片和影片。我根據一位當地女性米雪兒提交的履歷發送電子郵件安排了面試，因為她似乎符合我需要的工作經驗，而且她住在附近，這點對我而言確實是一大加分，我覺得我應該會僱用她。

當我開門讓米雪兒進來時，她笑著說：「喔，你好，我跟墨菲先生約了面試。」

我回以一笑，有點疑惑，「這裡沒有墨菲先生，但我是帕特墨菲，公司的老闆。」我回應道。

「喔，天啊，我很抱歉，當我看到帕特墨菲這個名字時，我還以為是一名男士。」她驚呼道。

別忘了，我的廣告包含連結到我網站的網址，在我與她聯繫的電子郵件中也有我的網站，我的公司名稱可以在Google和其他搜尋引擎中找到，我的個人資料也一樣，她只需點一下滑鼠，馬上就可以知道我是女人，但她沒有做這件事。如果她甚至不會為自己做這件事，我怎麼能指望她有多願意為我努力工作呢？這次面試對米雪兒來說並不是一個好的開始。

「我真的很抱歉，誤以為妳是男人。」米雪兒在我們結束簡短的面試時提到。她的資歷令人滿意，但我知道我不能給她這份工作。第二天，另一位應徵者丹妮來面試，「很高興認識妳，史塔克女士，我一直在關注妳的Instagram，也看了妳的部落格，那個檸檬香蜂草真的對我的睡眠很有幫助！」丹妮知道我的冠夫姓，還有我從事的各種指導和訓練，而且她表明自己的目標有呼應到這些工作。她在網路上挖掘出一些與我相關，但我根本就忘了的事，甚至知道我喜歡醃漬物和萬聖節。她為面試所做的準備已經超乎預期，也馬上建立了融洽的氛圍，讓我在見面時就喜歡上她，這是一段美好關係的開始。

全力以赴

大多數人對面試過程都會感到緊張，覺得自己正在被打量、評判、分析，還有被拿來與別人比較——是的，確實如此！那麼我們要怎麼應對這些情形並維持鎮靜力？首先，要了解每個人都會在某個時候經歷這種情況，而且大多數人在這種情況下的感受與你完全一樣。你可以採取許多行動來讓自己擁有掌控權，知道自己正全力以赴。做足功課並加倍努力是擁有面試鎮靜力的關鍵。無論是虛擬的還是面對面，你都可以藉由後續的辦法做好準備，以促成自信且成功的面試。

◉當你通過第一階段的篩選

提醒自己，如果你受邀參加面試，意味著對方對你感興趣，他們想見你是因為你本人或你的經歷，讓他們覺得你可能是這份工作的好人選。

◉搜尋資訊

在面試前盡可能了解公司的一切，瀏覽該公司的網站並在網路搜索相關產業的資訊，不要因為想全部記住而感到崩潰，只需要大致了解公司的業務及其優勢。如果你知道即將面試你的人的名字，把他們的名字輸入搜尋引擎，看看你能找到什麼，查看他們的LinkedIn和Facebook個人資料——記住他們可能也會這樣做。一定要對自己做個搜尋引擎調查，並確保沒有出現什麼不好的資訊；如果你還沒有LinkedIn個人資料，請建立一個帳號，如果你有Facebook個人資料，請在求職期間保持其專業性。在某種程度上我們都是相互連結的，世界只會變得越來越小。

◉面試是雙向的

請記住，面試是雙方都要付出努力，你出現在那裡也是為了確認這是適合你的工作！利用面試來獲取你所需的資訊，以確保你會樂於接受這項工作，與他們一起共事。如果從這個角度去想，你就會覺得彼此是平等的：我希望他們青睞我的心態與我希望自己喜歡他們的心態一樣多。

提前準備好你想問面試官的問題，詢問公司的價值觀，他們如何在產業中保持競爭力？公司是否有規畫完善的職涯發展途徑？你的面試官喜歡為該公司工作嗎？公司最自豪的是什麼？如果是面對面的見面，請務必帶上一個漂亮的皮製文件夾或活頁夾，裡面有全新的記事本和原子筆、iPad或小型筆記本電腦，以及一份你的履歷，即使你知道他們已經在網路上看過了，但這麼做可以節省他們在辦公桌上尋找或從電腦中開啟的時間，而且將履歷印在優質的紙張上——研究顯示，紙張越厚，紙張上的訊息就會顯得越重要。讓他們看到你已經研究過這家公司並準備了一些筆記，無論是面對面或虛擬的，一定要讓他們看到你在面試過程中做筆記。

◉模擬面試

在真正的面試之前，與家人或朋友進行一次模擬面試，讓朋友或家人看一下關於這家公司的資料，然後扮演面試官的角色，請他們提出一些好問題，比如你為什麼想在這家公司工作、你的目標是什麼以及你覺得自己能提供什麼樣的技能，你的優點和弱點是什麼？在網路上搜尋典型的人力資源人員和招募經理的問題——就會跳出許多不同的範例，這些都會為你的練習提供可靠的「真實」素材，藉由這些模擬面試，你會感到更自在且做好實戰準備。

◉掌握可行的方法

你的穿著打扮會影響你在虛擬面試和直接面談中的精力和信心，謹慎地選擇你的服飾，確保自己狀態良好且專業——即便應徵的職位不需要太正式，也請讓自己看起來比平常再稱頭些。

- 可以的話，穿一套使你感覺良好的新西裝或新衣服，不必很貴，只需要看起來舒服、合身就好，最重要的是讓你有安全感，讓你信心十足。如果無法買新衣服，那就把你最喜歡的衣服拿到當地的裁縫店或乾洗店，讓他們檢查看看有沒有脫線、鈕扣有沒有鬆掉，或是上頭有沒有污漬。你甚至可以換上新鈕扣來讓衣服煥然一新，讓它擁有全新的樣貌。
- 對於虛擬面試，盡量穿素色的衣服，中等寶石色調的顏色在鏡頭前看起來最好，避免穿極深色或白色，以及繁瑣的圖案，也不要穿戴累贅或太閃亮的首飾，因為可能會令人分心。
- 確保你的鞋子狀況良好，人們通常會注意到鞋子，穿著全新或整潔的鞋子也會讓你感到舒適；手提包或公事包也是如此。
- 在虛擬面試中一定要穿鞋，即使沒有人看得見。如果穿著鞋子，你將擁有更堅定的能量，感覺更踏實。
- 即使在虛擬面試中只會看到你的腰部以上，請務必穿著整齊，你可能低估了相機可以捕捉到的所有內容，因為在疫情隔離期間廣為流傳的一些影片證明了這一點。穿上衣服來傳達動態的活力會更好。
- 修指甲——不管你是男是女，一定要修指甲，你會感覺更加自信，看起來更有能力，面試官會注意到諸如咬過的指甲或碎裂的指甲油之類的部分！

- 多喝水會讓皮膚狀態看起來更好，維持足夠水分時，大腦會更敏銳。
- 可能的話，請提早幾天造訪你將面試的地點，檢查停車情形，或者從最近的大眾運輸步行到那裡需要多長時間；注意大廳的入口和任何安全問題，確保來訪者要有正確的聯絡資訊和身分證明才能進去。
- 如果要開車，一定要在前一天晚上把車子加滿油。
- 對於虛擬面試，請至少提前一天規畫你的環境，選擇一個沒有干擾的安靜房間，確保背景乾淨簡潔，沒有靠近任何窗戶或刺眼的燈光。如前面所述，確保電腦的攝影鏡頭與視線呈現水平，即使這意味著要堆疊書籍或盒子來放置電腦，測試你的鏡頭並為自己取景，確認有適中的特寫鏡頭（從胸部以上，左右置中，頭頂上方預留大約兩英寸的背景）。在你面前放一盞燈。最好使用補光燈或柔光箱，如果沒有這類型的燈，請在筆記型電腦後面放置一塊大的白色背板，面向你自己，然後讓光源從板子反射回來，以獲得更柔和、更討人喜歡的燈光效果。檢查你的網路連接狀況和麥克風。
- 如果你沒有在鍛鍊身體，請從現在開始想辦法讓自己動起來，任何形式的運動，包括走路，都有助於擺脫壓力，提高思維能力，讓身心感覺更暢快。這件事也會幫助你在晚上睡得更好——包括面試前一晚，只是不是在深夜運動就好，否則可能會使你在臨近就寢時間時精力旺盛而無法入睡。

- 在面試前一個星期限制酒精和咖啡因的攝取，如果可以的話最好延長時間。現在，我知道你們當中的一些人可能心不甘情不願地說：「好啦好啦！」，但除非你願意卯足全力，否則什麼都辦不到，就是這麼簡單。面試前一天下午三點後避免攝取咖啡因；面試前一天晚上避免飲酒，雖然酒精一開始可能會幫助你入睡，但睡眠中斷的可能性很高，酒精會導致淺眠，如果在半夜醒來，你可能很難再次睡著。你需要擁有良好的睡眠。
- 吃一頓清淡的晚餐，不要太晚吃，你不會想要過沒多久便開始尋找抗酸劑，也不會想在床上撐著身體等待食物消化。
- 閱讀令人振奮的文章或書籍，因為你知道自己提前為面試做了所有的功課，前一天晚上死記硬背會使人難以入睡，閱讀一些讓你有靈感或有趣的東西可以讓你放鬆思緒，也會比較好睡。
- 睡前喝點洋甘菊茶或溫牛奶，只要奶製品不會影響你的胃，這些都是天然的睡眠誘導劑。
- 早點上床睡覺，如果你發現自己無法入睡，請記得你的身體在靜止不動時仍然在休息，別為了入睡而給自己太大壓力。如果你無法停止思考，請嘗試將你的思緒轉移到你期望將來會發生的事情：家庭度假、與老朋友見面、去你喜愛的餐廳或者你想如何規畫你房子最喜歡的某個部分，只要把注意力放在沒有壓力的事情上。請記住，其他人都無法控制你的想法——你確實可以控制讓自己心情開懷的思緒，你可以選擇是否要正面思考。

一個好的開始

面試當天早上，你的車子已經加滿油，你的大眾運輸交通計畫已經完備，或是虛擬環境已經規畫好、經過測試並準備就緒。全新的或整理過的西裝或套裝已經熨燙好，掛在衣架上，隨時能穿上，配上擦亮的鞋子和完美的公事包或手提包。你已經擁有充足的睡眠，而且至少過去一個星期以來都有好好照顧自己的身體。現在正是大顯身手、發光發熱的時候。

- 早點起床，讓自己的早晨時光更加充裕。當你的雙腳著地時，右腳踩地時說謝謝，左腳踩地時說你，這樣會讓你一整天都變得積極。
- 動起來，走一段很長的路、跳繩、伸展運動或在地板上做溫和的體操，無論什麼運動都可以，只要讓你的心律加快，讓你的血液流動，讓身體活絡起來。這樣絕對有助於緩解壓力，提升你的思維能力和反應時間，還會讓你容光煥發。

- 為身體的引擎加油——吃早餐，研究顯示，有吃早餐的孩子往往在學校表現得更好，這個也適用於參加面試的成年人，選擇藍莓、全穀物、花生醬、優格、燕麥片或煮熟的雞蛋等食物，這些能量會在你的身體裡持續一整天。在你穿著打扮之前先用餐，畢竟你可不想讓乾淨整潔的衣服沾上任何東西。
- 限制咖啡因。一點點咖啡因可以給予你動力，但是攝取太多可能會擾亂你的思維，讓你說得太快，如果在面試過程中你的咖啡因攝取量過高，它甚至會讓你筋疲力盡。然而請特別注意過量的咖啡因，美國太空總署進行了一項非常令人毛骨悚然的研究，實驗中的蜘蛛分別吸食古柯鹼、大麻、麻醉劑和咖啡因，以了解這些藥物會對牠們造成何種影響，令人驚訝的是，蜘蛛吸食了咖啡因以後，在要織出蜘蛛網時遇到了大麻煩！一點點咖啡因可以讓你採取行動，給予你那種警覺的感覺，可是必須了解你的臨界點在哪裡，了解你的個人容忍度以及你從何時開始說得太快、變得緊張不安或是頭腦開始不清楚，此時你便會遠離鎮靜力的範圍。
- 小心牛奶。即使你沒有乳糖不耐症，乳製品也會產生痰，它會在你的聲帶周圍凝聚，可能在你的舌頭套上一件毛茸茸的毛衣，而舌頭上塗了一層會使說話變得很困難。配音員、歌手和舞臺表演者在演出前從來不會接觸乳製品。你不會想要在面試時清喉嚨，這樣會讓你聽起來沒自信或太緊張。椰奶、杏仁奶、豆漿和米漿等牛奶替代品都是很好的選擇，或者你可以只喝茶或黑咖啡。在早餐中加入一顆青蘋果，配音員會用它們來清痰。

- 策略性補充水分。醒來時喝一大杯水；想像一下，你在沒有喝水或任何液體的情況下在飛機上飛行了六到八個小時會有什麼感覺？當你經過一整晚漫長的睡眠後醒來時也是一樣；醒來後立刻喝一整杯水可以讓身心充滿活力。當你在大型會議、演講、活動或工作之前適時地補充水分時，你將處於領先地位，思維敏捷，胸有成竹。補充水分對大腦功能的運作特別重要。
- 做「防呆檢查」，仔細檢查你的公事包或手提包裡是否有你想帶去面試的所有東西——包括你的履歷影本。
- 不要薰到別人，避免噴灑香水和古龍水參加面對面的面試，許多人對香水感到厭煩（甚至還會過敏），我們都對不同的氣味有不同的反應。氣味被稱為記憶的感覺。你不會希望使用相同的古龍水或香水，從而勾起面試官不好的回憶；我曾經聽一位高階管理者說她不喜歡某位求職者，因為他聞起來像她的前夫！
- 餵養你的大腦。在前往面試的路上，聽一本勵志的有聲書或 podcast，這樣會幫助你保持樂觀、熱情、積極的心態，一本良好的勵志書會讓你專注於自己想要的，而非你不想要的，它會餵養一些正面的東西到你的潛意識。讓你精神振奮、心情愉快的最愛歌曲清單也可以達到同樣的效果。

- 做一隻早起的鳥兒。給自己充裕的時間到達面試地點，你永遠不知道在路途中會發生什麼事，早點到現場坐著等總比遲到來得好，但是特別早到和遲到一樣糟糕：忙碌的人通常擁有緊湊的日程，當有人在他們準備好之前出現時，他們會真的很生氣，你可以在車子裡、大廳、走廊等候，或者，假如除了櫃檯以外你沒有地方可以等，告訴櫃檯人員或你遇到的第一個人你提早到了，並且希望他們於適當時間通知公司之前在原地等待。
- 如果你正在進行虛擬面試，請不要在面試開始前一分鐘才坐下來，給自己至少十分鐘的時間進入狀態，讓一切就緒，並開始複習你的筆記。

◉堅定走進去

對於現場面試，請以堅定的握手、有力的聲音和正向的動態活力進入面試場所。對於虛擬面試，請確保你的精力充沛，登入時面帶微笑，坐姿挺直，而且大部分時間都有跟鏡頭進行良好的眼神交流。

◉避免講「老實說」一詞

在面試中避免講「老實說」一詞，這是一個被濫用的詞彙，企圖讓人認為你很坦率，對他們敞開心扉，但招募經理和面試官表示這是他們聽過最煩人的詞彙之一，而且他們經常聽到。每次我聽到這個詞，不管是誰講的，我都會感到有點尷尬，因為這意味著你常常不老實，或者你可能直到現在才要坦誠。能夠顯示你冷靜且自信的替代用語是「敞開心扉來說」或「我就直說了吧」，讓你聽起來更直接、值得信賴和真誠。

電話面試

在通知你進行面試或視訊通話之前，雇主可能會想要先跟你透過電話交談，電話面試和面對面的面試在許多層面都有所不同，而且對你有利，對於相關事物你有更多的控制權，你不必擔心你的外觀、你該看哪裡、你的雙手該怎麼放，或是你的臉部會出現什麼表情，你可以全神貫注於你的專業和經驗，以及你的目標。

◉在進行電話面試前

如同你為了面對面面試所做的準備一樣，首先要了解有關公司以及將面試你的人的所有資訊，在網路上找出面試官的照片，以便你可以想像當你與他們交談時他們會呈現的樣子，可能的話，把他們的照片列印出來，在面試期間放在你的桌子上或是電腦螢幕上。

當你同意電話面試時，詢問面試大約需要多長的時間——十五分鐘、半小時？誰會打來？要聯絡誰？試著安排一個對你們雙方都合適的時間和地點，而不僅僅是配合對方。

◉擬定策略

不要像閒聊那樣即興發揮，而是要確定三到五個你認為可以使自己成為該工作最佳候選人的關鍵要點，以及你可能有助於讓公司壯大的想法，如果你已經對這家公司做足功課，你可能已經找出該公司正在面臨的挑戰，如果沒有，請你的面試官明示一些挑戰，然後提出自己會如何協助解決這些挑戰。你要當一個問題解決者，公司出現問題且釋出了職缺，將自己視為問題的解決方案，並描述你能提供什麼樣的幫助，像是怎麼賺更多錢、節省開銷、做更好的組織規畫等等。

事先對你所有的想法做一個腦力激盪，把它們完整地寫出來，然後重新寫成條列式清單，這樣才不會聽起來像在念逐字稿，當你參考這些要點，在面試過程中把它們轉化成自己的句子說出來時，聽起來就像是在侃侃而談。

從裡到外了解自己的觀點——不要死背，要內化！當你說話時，不要滔滔不絕地講，少即是多，要簡潔明瞭，不要害怕停頓和沉默，否則你會為了填補沉默而顯得說話過於冗長。請記住，停頓是聰明的象徵，顯示你正在花時間思考問題，並且想要提供深思熟慮的答案。

◉不要穿太隨便！

即便只是一個電話面試，也不代表你可以穿著髒亂的睡衣、舊運動褲或者天理不容的光屁股！我前面提過，電話面試的一大優點是你不必擔心自己的外表，但是我的意思是你在面試官面前的樣子，至於你如何呈現給自己看完全是另一回事。

當我們在家時幾乎穿著任何我們不會穿出門的衣服，除非可能是為了拿郵件，我們呈現的活力不同，我們打扮自己的方式不同，我們對自己的感覺也有可能不同。如果你蓬頭垢面且昨晚的睫毛膏在你的眼睛下方暈開，或者你的臉上有鬍渣，你很有可能不會覺得眼睛明亮和精神煥發。

為了在電話面試中感覺強大、充滿活力和投入，我們需要為自己打扮，正如肢體語言可以影響我們對自己的感覺，甚至改變我們的壓力和成功荷爾蒙水平（請參閱「肢體語言的鎮靜力」一章），我們如何穿著打扮自己也是同樣的道理。因此，雖然你可能不必為電話面試全副武裝，可是要知道，如果你整理外表且感覺更體面，你會覺得更加強大。

◉考慮你的環境

- 在電話面試期間開車可能不是個好主意，你的注意力總是會分散在電話和道路之間，免持藍芽聽筒的音效沒那麼好，你不會希望面試官吃力地聽你的聲音，如果你遇到無訊號區域且通話中斷，那可就糟了。
- 在公園板凳上或嘈雜的咖啡店等公共場所接聽電話可能聽起來很愉快，但出現喇叭聲、烏鴉開始發出叫聲或有人在旁邊重重地坐下並大聲講電話就不好了。
- 如果你使用的是辦公室電話或市內電話，請不要使用免持聽筒，你可能聽起來像在隧道中或打長途電話，可能會讓人覺得冷淡；免持電話同時給人一種印象，即你通話時正在做其他事情，而沒有全神貫注在面試官身上。
- 關閉來電插播功能，這樣你就不會被一連串煩人的嗶嗶聲打斷。如果你在家裡，你需要讓你的室友或家人知道你需要安靜且不受打擾；盡量減少任何狗狗在後方吠叫、門鈴響起或警報響起的機會；關上你將接聽電話的辦公室或房間的門。
- 如果你的市內電話是無線電話，請確保它已經充滿電力，許多時候我們會讓無線電話離開底座，放置在屋內別的地方——直到你接起電話或在通話期間，才意識到電量不足。

- 可能的話，請使用頭戴式耳機或耳塞式耳機，以便可以參考筆記或書寫。注意不要頻繁地翻動紙張。
- 關閉所有收音機、電視、鈴聲、電子郵件提醒和筆記型電腦的聲音，關掉電腦揚聲器。
- 在通話開始時詢問面試官是否清楚地聽到你的聲音永遠是一個好主意，同時確保你也能清楚地聽見他們。
- 如果你在通話期間必須打噴嚏、咳嗽或清嗓子，請將電話從嘴巴和脖子上移開或開啟靜音；喝水時要遠離電話的話筒，以避免產生吞嚥的聲音，電話裡的噪音聽起來往往會更大聲。
- 在通話期間為自己準備一大杯水放在辦公桌前，以便在口乾或喉嚨發癢時可以啜飲，同樣地，如果可能的話，你也不想在通話期間清喉嚨或咳嗽。由於你會持續補充水分，請在接聽電話之前先去一趟洗手間。
- 確保附近有任何時鐘，以便知道這通電話講了多久，讓你可以判斷何時會結束，或者他們是否與你講了比預期中更久的話。

- 由於通話期間你都會在房間裡，請確保在關門一段時間後檢查房間內的溫度，關上門後，房間可能會變得太熱或太冷，尤其是你通常不會關門的房間。

◉備忘錄和筆記

電話面試最棒的事情之一是，你的手邊可以持有大量在通話期間可用來參考的資料，除你之外沒有人會看見。把你的履歷影本擺在你面前，如果有自傳的話也可以拿出來。清除你前方桌面上任何與面試無關的東西，這樣就可以避免在通話過程中四處翻找東西。

列出一張你想詢問關於工作和公司的問題；寫下你認為自己可以成為這份工作最佳候選人的三到五個關鍵要素，以及你會如何幫助他們的一些想法。

列出你不太想被問到的問題，事先準備簡短的答案，即使不想碰到，還是需要做好準備，同時將你認為無需動腦的資訊擺在你面前，這是你認為自己掛在嘴邊、永遠不會忘記的基本訊息，如果你在面試時忘得一乾二淨可就糗了。

讓公司網站顯示在你的電腦螢幕上以供參考，在面試的當天早上查看與該公司相關的產業新聞，以防面試官比你更了解當前的消息。

◉打造成功索引卡片

就像我在「鎮靜力的工具」一章中談到的鎮靜力信用卡一樣，你的「成功」索引卡片會快速提醒你自己有多麼地優秀！

我們經常忘記自己的許多成就，以及我們多年來收到的好評，就像表演者為了二十五條良好評論中的一條負評而苦惱一樣，我們對順利完成的事情沒有給予足夠的關注，更糟糕的是，我們將其最小化。在任何電話面試（或者甚至於任何形式的工作面試）之前進行腦力激盪，並寫下過去幾年你在工作中每一個大大小小的成就，即使是你認為微不足道的事情，只要全部都寫在紙上，然後挖掘任何你能記起的讚賞評論、筆記、電子郵件、回饋，甚至口頭讚美，並將它們全部呈現在你面前。如果你以前從未進行過這種盤點，那麼這麼做通常會讓你大開眼界。

接下來，挑出你認為最為精華的部分，五到六件你覺得很棒的事情，然後把它們寫成索引卡上的要點，將卡片放在桌子上的顯眼位置，這應該是你在接聽電話或進行面對面談之前看到的最後一樣東西，將它放在你的公事包或筆記本中以供將來在你需要鼓勵或提醒時參考，也是一件很棒的事情。

◉聲音、活力和表達方式

你的聲音是他們是否買帳的主要依據，他們看不到你的肢體語言或臉部表情，你不能給他們一個友善且有力的握手或展現你那燦爛的笑容，你的聲音是這場表演的亮點，你的活力、熱情、鎮靜力和專業知識都必須融入動態的口頭溝通技巧當中。

當我為廣告、電影、訓練影片和新聞報導配音時，我總是站在麥克風前面。站立可以讓你的聲音聽起來更好，橫膈膜沒受到擠壓，你的呼吸會更流暢，精力顯得更充沛，有更多的動作和生命力，當你站立時，聲音聽起來會強大、平靜和有自信。將你正在講話的辦公桌或區域變成友善的站立空間，方便你可以從站立位置取得所有內容，能夠在講話期間隨意走動，這樣你也不會被困在原位。如果你因故必須坐下，請坐在座位的邊緣，呈現有力的姿勢，隨時準備行動，不要讓自己陷於椅子上。

當我指導客戶進行電話訪談時，無論是工作面試還是媒體採訪，我首先會觀察客戶如何處理最初的問候，你講的頭兩句就會決定這次的談話，你的聲音應該明亮、樂觀、熱情、親切且有力，許多人在進入對話之前不懂得表現出來，這是個錯誤，你所說的第一句話就是你的第一印象，面試官會因此覺得這是次良好的面試，否則就會像看著油漆變乾一樣乏味。

當我以記者的身分透過電話採訪民眾時，我可以立即判斷我們的談話是愉快、有趣還是無聊，當我在電話的另一端聽到充滿活力的聲音時，就會讓我想要進行更好的採訪。確認你所發出的聲音響亮且清晰，不要讓面試官還得費盡全力才能聽見你的聲音並與你互動。

即使電話另一端的人看不到你的臉，當你打招呼的時候，還有在你提供以解決方案為導向或回顧成就的資訊時，都要面帶微笑，微笑會改變你的活力和音質。客戶服務訓練師教導他們的員工在藉由電話與客戶交談時要微笑，因為人們可以聽出你聲音中的笑意。

注意你的節奏，講太快代表你很緊張，不要將急躁與熱切混為一談；如果你在緊張或興奮時容易講話過快（很多人都是如此），你需要提醒自己放慢速度。

不要以向上的音調變化來結束句子，記得在每句話的結尾把你的聲音壓低，避免你的描述聽起來像問題，使你聽起來更加明確和肯定。女性傾向於更頻繁地使用這種上揚的語調，而且很容易以高音 C 結束談話。當你說話時，運用你的腹部肌肉，就好像你在做仰臥起坐一樣，你的聲音應該來自你的腹部深處，而不是你的喉嚨或鼻腔。

維持彈性溝通，了解你自身的價值，根據經驗、專業知識和自身的高標準發言。

請認真地傾聽，仔細思考問題，花點時間給予一個深思熟慮的答案，將有助於減少那些嗯、呃、啊、你知道之類的贅詞。在通話前讓你的聲帶熱身，大聲練習回答，甚至唱歌也可以！唱歌會讓你的聲音活起來，讓你保持正向的心態，如同當你錄製對外的語音信箱的時候，你會重複錄好幾次，直到滿意為止。在你接聽電話以前，採取同樣的做法來大聲說出答案。

◉其他加強技巧

- 避免在面試前吃東西。杏仁和堅果會變成一場災難，它們會卡在你的牙縫和喉嚨裡；每次我在電視臺和製作工作室的點心桌上看到這種狀況都會想捧腹大笑，我認識一些電視節目的客座專家，他們已經記取教訓，在開播前不吃東西。
- 千萬不要說：「這是個好問題。」這更像是一種習慣，也是一種眾所周知的拖延策略，同時聽起來好像你不認為他們的其他問題很好。最好說：「我很高興你問了這個問題。」如果你真的很高興他們問了這問題，這個說法會有所幫助。
- 運用你的筆記！在電話訪談時沒有人會看你，但是要專注於你被問到的問題。
- 用令人印象深刻的短句、智慧小語和精簡的詞語說話。
- 保持專注，沒有人在你面前，很容易讓人分心。
- 不要談論天氣，這是一個過度使用的對話開頭，唯一的例外是當暴風雨是一個重大新聞故事或真的值得討論的事情。

- 無論如何，始終保持樂觀和積極，享受機會，細細品味，獲得樂趣。

當我們將自己置於聚光燈下與他人交流時，無論是進行工作面試、電視採訪，還是進行面對面的公開演講，我們都可以做很多事情來做好心理和身體上的準備，當我們覺得自己被觀察、批評甚至評判時，我們可以保持冷靜和自信。但有時我們需要額外的技巧或補救措施來幫助我們冷靜下來、集中注意力並擁有最佳狀態，如此將帶領我們到了旅程的第四個部分，我們將在其中討論一些自然的秘密，來自然地增強我們的鎮靜力。

面試鎮靜力的重點

- 你受邀參加面試是因為有人認為你是這份工作的好人選。
- 加倍努力把事前功課和研究做到最好。
- 請記住，你也在對他們進行面試。
- 提前讓你的思維、身體、心靈和環境處於最佳狀態。
- 不要任意對待電話面談，或者把它看得不如面對面的面試那麼認真。
- 避免可能會阻撓你成功的特定食物和習慣。
- 創造你的成功索引卡片。

面試鎮靜力的反思

列出你可以在面試之前蒐集關於公司和面試官的三種研究方式：

你要如何充實你的介紹內容？

在面試以前，你能做些什麼來讓自己的身體、心理和情緒都處於最佳狀態？

在電話面試的過程中，你可以透過哪三種方式來控管你的環境？

列出你可以納入成功索引卡片的五個項目：

注釋

1 克雷格名單（Craig's List）是一個免費分類廣告的大型網站，某些城市的徵才廣告需要付費，一九九五年於美國舊金山灣區創立，至今服務已擴及到七十個國家。

第 4 部
自然的鎮靜力

第16章 鎮靜力的自然療法

「最大的祕密總是藏在最不可能的地方。」

——羅德．達爾（Roald Dahl）[1]

許多客戶告訴我，他們在大型演講或活動之前會帶點東西或喝杯紅酒來讓自己冷靜，到頭來他們都後悔了。酒精可能有助於讓他們的心臟不要跳得太快，但是接下來的一個小時他們必須努力理清頭緒，因為紅酒會讓他們原本保持敏銳的腎上腺素和神經變得遲鈍，導致他們不相信自己會迅速站起來，或者準備好做出反應並完全享受此時此刻。在訓練課程之前服用抗焦慮劑或興奮劑的客戶看起來表情呆滯且缺乏活力。

很少有藥物和酒精能真的讓你感到平靜和清醒；它們通常只會讓現實情況、你的判斷力和你的反應時間變得遲鈍。就像給害怕打雷或煙火的小狗打鎮靜劑一樣——牠仍然會害怕，但牠的身體並沒有做出預期中的反應，這會讓狗感覺自己被困住；有些獸醫建議不要為這些事件服用藥物。當你害怕時，難道你不會想要知道自己有能力做出反應、採取行動並移動身體嗎？還是你寧願感到心不在焉、悶悶不樂、目光呆滯？

真正的鎮靜力來自於內心。如果一直麻痺你的反應和行動，你就欺騙了自己沒有鎮定自若的能力，也放棄訓練自己的容忍度。

雖然我用行為和心理技巧幫助成千上萬的人培養平靜的內在安全感和內心的祥和，倘若你掌握一些大自然的小祕訣，也會有所幫助。

我們的感官和情緒明顯是有關聯的，多年來我收集了關於最有效促進平靜和自信的食物、水果、草藥和香料的研究和資訊，這些祕訣不僅美味，而且嘗試起來也很有趣。

以下是我向所有客戶推薦幫助他們建立內心平靜的自然療法。如果你目前正在服藥、懷孕或哺乳，或有任何健康問題，請務必諮詢你的醫生或醫療相關人員，然後再把這些食物添加到你的飲食中。

提供鎮靜力的水果

◉檸檬香蜂草

談到冷靜自持的鎮靜力，這項可能是我最常推薦給客戶的祕訣，檸檬香蜂草萃取液與抗焦慮劑和鎮定劑在大腦同一部分的受體中發生反應，因此它可以提供放鬆和積極的感覺，但可作為藥物的天然替代品。我認識一些人晚上喝茶時會把它加入茶水當中當成天然助眠劑，或者大型演講之前在舌下滴個幾滴，甚至可以用於應付藥物治療及其副作用所衍伸的壓力和焦慮。

◉櫻桃

將這些飽滿多汁的傢伙納入你的飲食。我第一次了解到櫻桃的鎮靜作用，是在我人生中飽受壓力的時期拜訪了一位專門研究長壽的內科醫生湯瑪斯．卡喬拉（Thomas Cacciola），當時我有失眠問題，他建議我吃櫻桃，因為櫻桃富含褪黑激素，這種化合物有助眠的效果，還很美味。所以我決定更進一步，開始將冷凍有機櫻桃混合到我的冰沙和早餐奶昔中，我覺得我變得更平靜，也能更好地管理日常壓力來源。

◉香蕉

我曾經協助指導了第一批從百老匯轉職到電視主持圈的表演者，當中有一個人告訴我，他和其他演員仰賴香蕉來應對他們在舞臺上的緊張，他們發誓香蕉作為天然 β 受體阻斷劑有助於減少表現焦慮的身體反應。卡喬拉博士同意香蕉中所含的鉀和色胺酸可以像某些藥物一樣發揮作用，以幫助減少焦慮。香蕉還被證明可以作為一種天然的肌肉鬆弛劑，能幫助緩解壓力和公開演講恐懼帶來的肢體緊繃。

◉柑橘

身為《預防健康》（*Prevention*）雜誌關於健康和保健影片系列的發言人，我了解到，單純聞柑橘味就可以減少壓力荷爾蒙皮質醇；柑橘還可以幫助緩解噁心和消化問題，這兩樣問題總是困擾著胃部緊張的人；此外，維生素C是一種主要的抗氧化劑，可以幫助我們的身體更好地運作。

◉葡萄

《歐洲營養學雜誌》（*European Journal of Nutrition*）的報導顯示，喝一杯葡萄汁可以讓你在幾分鐘內感到平靜，康果葡萄汁中的多酚有助於抑制壓力荷爾蒙皮質醇的釋放並促進令人平靜的GABA（γ-胺基丁酸），這是一種自然生成的胺基酸，在大腦中作為神經傳導物質。

◉荔枝

荔枝果實富含多酚，可以大大地減少壓力的影響並降低皮質醇水平，幫助你更加自信；此外，研究表示荔枝和綠茶的混合物可以降低循環皮質醇水平並對抗壓力的其他生理影響。這種一口大小的亞洲甜水果可以買到罐裝或新鮮的，甚至可以製作出非常美味的夏季桑格利亞酒（有或沒有酒精），我在亞洲雜貨店和網路上都有找到了它。

◉椰子水

這種 B 群維生素有助於平衡身體的電解質，讓你保持冷靜，它可以幫助減輕焦慮、改善睡眠、放鬆肌肉和改善血液循環。椰子水含有 GABA，一種具有放鬆抗焦慮作用的神經傳導物質；低鉀水平會增加壓力、焦慮和抑鬱，椰子水的鉀含量比四根香蕉還多。它同時能大量補水，可以幫助你更清晰地思考，減少疲勞感，並在你處於壓力或緊張狀態時幫助緩解嘴唇乾裂和舌苔，而且裡面含有電解質可以保持體內平衡。

來自香料的鎮靜力

◉肉桂有助於平靜

用肉桂讓你的身心平靜下來，來促進你的動力和表現。當然，肉桂香會喚起人們對假期或撫慰的烘焙食品的溫暖回憶，但吸入這種香味也被證明可以在短短兩分鐘內將焦慮程度降低多達百分之二十五。西維吉尼亞州惠靈耶穌會大學（Wheeling Jesuit University）的一項研究發現，肉桂香可以減輕疲勞、提高警覺性、改善記憶力和注意力等認知功能，甚至可以減少沮喪和焦慮。在食物中添加肉桂可防止血糖升高，有助於改善情緒和平靜感。在家中或辦公室準備肉桂粉，灑在早餐或拿鐵咖啡上，百花香、蠟燭、新鮮的法國麵包、茶和口香糖都有相同的效果。

◉小荳蔻

為了增加你的整體幸福感，請使用小荳蔻。根據紐約市芳香研究學院（School for Aromatic Studies）的說法，這種藥草的香氣具有一些非常強大的心理作用，可以讓你擺脫過度思考，帶來平靜的感覺和更好的決策。你可以攜帶小荳蔻精油，在需要時聞一聞，或者沖泡荳蔻茶或將其添加到熱牛奶中，在重要日子的前一天晚上放鬆身心。添加一點肉桂，可以獲得雙倍劑量的鎮靜力。

來自花卉的鎮靜力

◉薰衣草令人輕盈

幾個世紀以來，薰衣草的香味一直令人聯想到平靜和安寧，然而我直到懷孕才聽說過，我的分娩教練，分娩智慧（Birthing Wisdom）的創始人寶琳．納德拉（Pauline Nardella），建議所有準媽媽購買薰衣草精油和乳液，以幫助管理壓力和憂慮。我的目標是自然分娩，當我的兒子終於決定亮相時，他竟然重達十磅左右（大約四千五百公克）。我一有機會就會聞一聞薰衣草！從那時起，當我聞到薰衣草的味道時，它就會給我的身體、思緒和心靈帶來一種甜美、柔軟、平靜的感覺，這是一個隨時能擺脫壓力的小小假期。

◉與茉莉花一起雀躍吧

研究人員發現，茉莉花的香味可以營造一種敏銳感，讓你的神經平靜下來，並以平靜、樂觀和充滿活力的感覺提升你的情緒。研究同時顯示，臥室裡的茉莉花香味可以讓你睡得更沉。

◉保留一些粉末

當你需要在短時間內激發腦力、改善情緒並減輕壓力和焦慮時，請使用南非醉茄（ashwagandha）的力量，這種強大的古老草本植物與番茄同屬一科，有一個葡萄乾大小的紅色果實、橢圓形的葉子和黃色的花朵，可以作為補充劑、液體或粉末添加到你最喜歡的冰沙或奶昔中。眾所周知，南非醉茄有助於緩解疲勞症狀、增加活力和提高注意力，同時提供一種幸福感，它可以幫助改善學習、記憶和反應時間，你可以在最喜歡的保健食品商店或網路上找到南非醉茄。

◉展現魅力

金縷梅是一種灌木植物，有芬芳的黃色、粉紅色或紫色花朵，多年來，人們一直用這種植物的樹皮和葉子製成收斂水，化妝師經常在化妝前塗抹它，以幫助減少出汗的「T字部位」，即從額頭中央到鼻子兩側、直到下唇下方下巴位置的臉部區域，這裡的皮膚最容易出汗和發光，男性和女性都可以使用外用金縷梅來減少這些區域的光澤。

我還建議經常出汗的男性客戶攜帶吸油面紙或無色粉末粉餅，以便快速吸收水分，你可以在洗手間或螢光幕後快速使用它們，只需將這些放在口袋裡，就可以大大地減少擔心其他人會意識到你在臉上化妝，或者如果你是節目的嘉賓或特別演講者，則不得不請化妝師幫助你。我的男性客戶告訴我，這真的很有幫助，所以他們可以自己解決這個問題，而不會引起非必要的注意。

◉紫錐花的力量

紫錐菊屬（Echinacea）——俗稱紫錐花——以抵禦感冒和流感而聞名，所以我很高興地發現一種叫做狹葉紫錐花的植株已被證明是一種強大的天然藥物，可以緩解焦慮、壓力和緊張。這種植株的根部含有與特定大腦受體結合的物質，這些受體可以告訴身體冷靜下來。推薦用於與公開演講、航空旅行、採訪和其他壓力事件相關的偶發性焦慮，它不會導致昏昏欲睡，只需要大約二十毫克的低劑量。某些研究表明，狹葉紫錐花可以幫助出汗、胃部不適和睡眠困難。

◉來一杯鎮靜的洋甘菊茶

我認識的很多人，包括我自己，都發現自己養成了在漫長的一天後回家喝杯紅酒放鬆的習慣，雖然研究表示一杯紅酒可能對健康有益，但英國的百萬女性研究（Million Women Study）顯示，即使每天喝一杯也會增加罹患某些癌症的風險，眾所周知，僅一杯酒就能阻止你獲得恢復活力所需的睡眠深度。讓天然不含咖啡因的洋甘菊茶成為你的新習慣，我發現它給了我一種更舒緩、更放鬆的舒展方式，挑選一個大馬克杯，泡成一杯茶，慢慢啜飲溫暖的過程比起因喝酒而頭昏腦脹要輕鬆得多；除此之外，當我關燈後，睡眠更深沉，睡眠時間也更長，而且體重不會增加。現在我出差和去任何地方都會帶著洋甘菊茶，這是一天當中隨時可取得的「一杯平靜」。

成功的鎮靜力種子

◉向日葵的力量

葵花籽富含鎂，長期以來一直以幫助人們放鬆和保持冷靜而聞名，許多表演者隨身攜帶它們來控制神經、緩解壓力，甚至幫助治療偏頭痛；它們還含有豐富的維生素 E，可為你的肌膚帶來年輕光彩。

•當你的腎上腺素攀升時，求助奇亞籽

奇亞籽是鼠尾草科開花植物芡歐鼠尾草（Salvia hispanica）的可食用種子，奇亞籽含有鎂，一種管理壓力的必需礦物質，還含有豐富的 Omega-3 脂肪酸，可為大腦帶來抗發炎作用，降低壓力和焦慮。將它們放入活力飲料、麥片、沙拉或優格中，作為一種祕密的壓力剋星。

使人冷靜的食物

◉醃漬物

馬里蘭大學的研究人員進行的一項研究表明，吃醃製食品和減少焦慮之間存在著關聯性，發表在二〇一五年八月《精神病學研究》（Psychiatry Research）期刊上的研究結果追蹤了七百名大學生的飲食習慣，那些有吃酸菜、泡菜和醃黃瓜等食物習慣的人擁有較少的社交焦慮且比較不會喜怒無常。所以，如果你覺得自己陷入困境，吃一些醃黃瓜吧！

◉燕麥

燕麥片有助於讓你的鎮靜荷爾蒙血清素流動，需要烹煮的厚切傳統燕麥片甚至比速溶燕麥片更好，粗燕麥的纖維含量較高，因此它們需要更長的時間來消化，使得它們的鎮靜作用持續更長時間。當你需要以平靜的心態開啟新的一天時，一碗燕麥片——也許上面撒一點肉桂粉、小荳蔻和奇亞籽——絕對是你最佳的鎮靜力早餐。

◉巴西里

通常作為裝飾被丟棄的巴西里含有大量的複合芹菜素，透過增加單胺轉運蛋白的活性來減少焦慮。這些轉運蛋白減少了活化神經系統的刺激量，後者令我們感到焦慮，所以當這種刺激減慢時，我們會感到更放鬆。巴西里的礦物質含量也很高，礦物質被用來製造可以鎮靜神經傳導物質的胺基酸前身，並在大腦中傳遞神經訊號以保持情緒更穩定。咀嚼生巴西里可以獲得更清新的口氣，或者在重要日子、會議或活動之前將其添加到冰沙、湯和沙拉中。

◉莖部的鎮靜力

研究表明，芹菜含有與巴西里相同的鎮靜芹菜素，而芹菜作為焦慮和失眠的藥物有著悠久的歷史；一般來說，咀嚼有助於降低皮質醇水平，讓我們的神經平靜下來，並釋放緊張的下巴；因此，咀嚼脆脆的芹菜可能是最好的壓力飲食形式。另一個好處：芹菜素是一種有效的抗癌化合物。芹菜同時含有鎂和鈣，這兩者都對神經系統有放鬆作用，並且已被證明能緩解胃酸倒流。由於含水量高，芹菜可以幫助你保持水分，避免口乾和舌苔。此外，它便於攜帶，你可以隨身帶著它到幾乎任何地方，不會產生混亂或大驚小怪。

◉減糖

這是一個禁令：不要為你的食物裹上糖衣！你的媽媽和牙醫很可能已經告訴你，糖對於你的皮膚、腰圍、牙齒和血糖標準都不利。糖分還會影響你處理壓力和焦慮的能力，它會影響你的情緒並加重抑鬱；糖甚至會導致思考困難、視力模糊，讓你感到疲倦，你可能會將這些症狀與恐慌發作混淆，讓你誤以為恐慌症即將發作；糖分甚至會損害學習和記憶等能力。如果你感到怯場、害怕公開演講或者在任何情況下缺乏鎮靜力，那麼你最不需要的就是讓你的情緒惡化；努力減少飲食中的糖分可以幫助你控制壓力和焦慮，你會提高你的自然活力水準，感覺沒有那麼激動，身心更加平衡。在你出席全場焦點都在你身上且亟需鎮靜力的任何活動之前，這件事就顯得特別重要。

在重要的日子或壓力事件發生之前，將這些食物和自然療法納入你的飲食可以幫助你感到更加冷靜和自信。了解自己掌握一些自然的訣竅，當你需要它們成為鎮靜力的武器時，這些技巧可以成為你自己的冷靜小祕訣，這些認知可以令人安心。現在是時候進入我們自然鎮靜力之旅的下一步，第十七章「鎮靜力的練習」，別擔心，這不是要鍛煉身體，下一章的技巧將涵蓋許多專業演講者和表演者常使用的一些有效心理鍛煉和放鬆技巧。我們出發吧！

注釋

1 羅德・達爾（Roald Dahl）是英國傑出兒童文學作家，最著名的作品有《查理與巧克力工廠》（*Charlie and the Chocolate Factory*）、《瑪蒂達》（*Matilda*）、《吹夢巨人》（*The BFG*）等。

第17章 鎮靜力的練習

與我一起合作的許多專業演講者、表演者和高階管理者都喜歡運用我給予他們的心理鍛鍊和放鬆技巧，來管理在聚光燈下帶來的壓力和腎上腺素。在接下來的篇幅中，我將討論十幾個最喜愛的方法。

雪花球練習

《快速冥想》（*Meditation in a New York Minute*）一書的作者馬克・桑頓（Mark Thornton）教導忙碌的企業高階管理者如何利用零碎時間有效地進行冥想。多年來，我跟很多客戶也一起使用過這種方法，建議他們在後臺、浴室、大廳、茶水間或佈景後面這樣做，以便讓他們頭腦清醒並在重要時刻之前保持積極。冥想可以很簡單，只要花三十秒到兩分鐘讓你腦海中的雪花球安定下來，只需要閉上眼睛，深呼吸，把你的心智想像成那個被搖晃過的雪花玻璃球，看著它安定下來並變得清晰可見，然後想像一下你希望接下來發生的事情。

只要設想正面的結果，對於你即將進入的任何情況都會產生明顯的正面影響，你會將事情處理得更好，因為你會更冷靜、更專注。

請記住，如果你可以透過自己的行動、思想和自我對話使自己處於壓力過大的狀態，那麼反之亦然——藉由讓身心平靜並改變你對自己說的話，你可以逐步緩和高漲的壓力狀態。只要掌握了少量的內在工作，你就能夠更深入地與自己進行更長時間的對談，並期望為這件事騰出時間和空間。

「一袋馬鈴薯」的放鬆技巧

多年前，我遇到了一位外向的南方商人，他戴著一頂寬邊的牛仔帽，是一家大公司成功的執行長；迷人外向的他也承受著巨大的壓力，成千上萬個家庭的生計都仰賴於這個男人和他每天做出的決定。我問他，他是如何在這麼龐大的責任下保持如此冷靜和樂觀，於是他告訴我關於「一袋馬鈴薯」的每日儀式。

每天下午，他都會關上辦公室的門，然後倒在椅子上，就好像他的身體根本沒有骨頭一樣，然後他會把自己的身體想像成一大袋馬鈴薯，接著在他的腳下，他會想像切開袋子的底部，讓所有的馬鈴薯四處散落在他周圍的地板上。利用幾分鐘時間這樣做，他就能讓全身的每一塊肌肉都放鬆下來，壓力就會從他身上傾瀉到地上。我試過後覺得有效，到現在還會使用這個練習，許多客戶也這樣做。

臉部放鬆

就像歌手或配音人員在試鏡或表演前熱身一樣，你可以在演講、會議或採訪前熱身，從而減少下巴和臉部肌肉的緊張感，感覺更符合你平常的非語言交流方式。以下是演員、電視節目主持人和經驗豐富的演講者使用的一些技巧：

- 南瓜葡萄乾：如果你在鏡子前或在別人面前這樣做，你可能會覺得自己有點蠢，但是確實有用！保持雙唇緊閉，像河豚一樣盡可能用很多空氣填滿嘴巴，維持三秒鐘；此時，在保持雙唇緊閉的同時，吸回所有空氣，這樣你的臉頰就會變得空洞，雙唇緊緊地嘬在一起，就好像你剛嚐過酸檸檬或試圖在雙唇之間夾住葡萄乾一樣，停留三秒鐘。在兩者之間交替進行大約八到十次。這樣會讓你的臉放鬆，讓血液循環流動，甚至可以幫助你自嘲一下。
- 巴吉度獵犬：閉上你的眼睛，想像你的整個臉被重力拉到地板上，讓它垂下來，讓所有臉部肌肉放鬆，慢慢數到十，張開眼睛，然後重複兩到三遍，次數取決於你的臉和下巴有多麼緊繃。

- 採「類倒立」的姿勢：雙手放在地板、矮桌或者椅子上向前彎曲，讓頭倒掛，放鬆你的臉部肌肉，就像一隻倒吊的巴吉度獵犬，感覺血液湧向你的頭皮和臉部，數到五，然後回復站立姿勢，再重複兩次。這樣會讓你的臉和頭皮放鬆，因為很多人都非常緊繃，這麼做還能連帶讓臉頰紅潤。
- 捏緊：輕輕捏住臉頰、下顎、下巴、鼻子、嘴唇和眉毛，這會喚醒你的肌肉，讓血液流動，按摩一些緊繃的部位，讓你散發健康的光彩。

哺乳動物潛水反射

你可能聽說過，將冷水潑在臉上或洗個冷水澡可以幫助你保持清醒，使你振作或精神煥發，在腎上腺素激增或怯場時，潑在臉上的冷水實際上可以減慢心律。你可以為此感謝哺乳動物的潛水反射，這是哺乳動物的一種反射動作，能夠優化我們的呼吸，因此我們可以在水下停留更長的時間，在需要時增加我們生存的機會。這種變化出現於海豹和海豚等海洋哺乳動物，偶爾也會在包括人類在內的其他哺乳動物身上看到。一旦你的臉接觸到低於華氏七十度的水，你的心律就會減慢百分之十到二十五！

我明白，化妝或盛裝打扮想給人留下深刻印象的客戶不想在電視節目或大型演講之前將冷水潑在臉上——所以我建議使用冰袋、冷凍蔬菜袋、用餐巾紙包著冰塊或者用毛巾冷敷代替，透過將它貼在臉頰、前額、下巴和鼻子周圍區域幾分鐘，你可以活化三叉神經和迷走神經，促使你的脈搏下降並迅速讓你的神經冷靜下來。還有一個額外的好處是它可以減少你的眼睛浮腫，甚至讓你的臉頰散發玫瑰色的光彩！

善用風鈴聲

風鈴的平靜聲音可以釋放壓力，提高你的注意力，安撫你的思緒，創造一個即時放鬆的環境；風鈴可以增加創造力並賦予你靈感；它們可以是一種幫助入睡的和緩方式，也可以是一種醒來的方式，以積極的方式開始新的一天；有些人認為風鈴有助於增強身體／心智／精神之間的聯繫，給我們一種幸福感。如果你不能在你所在的地方掛風鈴——例如，在你的辦公室或路上——在你的手機或其他設備上播放風鈴影片或錄音也會對你的身心產生類似的影響。

挑一顆石頭吧！

憂慮寶石、壓力寶石或口袋寶石——無論你如何稱呼它們，它們都能產生效用。反覆摩擦石頭可以讓你的感官保持忙碌，緩解壓力和焦慮，消耗多餘的精力，讓你保持冷靜，讓你腳踏實地。

刻有簡單肯定話語的石頭會提醒你自己的目標、正面的想法或企圖，有許多顏色、紋理和尺寸，盡情挑選適合自己的一款，放在口袋、公事包、皮包或辦公桌上。這可能是沒有人會看到、專屬於你的神祕小儀式——或者如果你把它放在你的手掌中，它會成為一個對話的開始。在下一次重要會議、面試、演講或活動之前嘗試一下。

咬口香糖

研究顯示，口香糖可以幫助緩解壓力，提高注意力和記憶力，甚至讓你心情更加正面。重複咀嚼的動作可以舒緩神經，同時也有助於緩解口乾舌燥和下巴緊繃——這些全部都可能在你處於緊張狀態時同時發生。我會一直嚼口香糖直到我開始直播、發表演講之前、在我寫作時、接受采訪之前。我的客戶也仿效這個做法，他們告訴我真的很有幫助。在你開始說話之前一定要丟棄它，咀嚼口香糖和清晰的口頭交流不能混為一談。

平靜的燭光

研究闡明，點燃蠟燭並看著燭光，這個簡單的行為就足以緩解壓力，讓心靈獲得平靜，再加上蠟燭香味，例如令人鎮靜的薰衣草和檸檬，可以降低皮質醇，產生更強大的效果。我喜歡裝在罐子裡的小蠟燭，因為它們便於攜帶，你可以帶到辦公室、出差或其他你想要營造平靜效果的任何地方，這樣你就可以在重要會議、面試或活動之前集中精神。

DIY 指壓

人體對觸摸的反應劇烈，這是一種緩解壓力的好方法，可以幫助我們放鬆，讓我們安心並連結身體各個部位；它可以幫助我們成長甚至療癒我們。我的一些客戶有幸擁有支援人員，包括在上臺或活動之前進行按摩治療；但是，如果你不能在壓力大或風險較高的情況下帶私人按摩師，有許多指壓和按摩技巧你可以自己做，請記住，這些技巧中的大多數都可以被視為自我舒緩的肢體語言「訴說」——可以向他人傳達你正在處理壓力或焦慮的非語言訊號，因此，你會想事先單獨一人去做這些，而不是在任何你想表現得冷靜和充滿鎮靜力的互動中。

- 眉毛摩擦和按壓：令人訝異的是，我們的眉毛承受了許多壓力，眉毛是我們臉上最具表現力的其中一個部分，當我們全神貫注、擔心或準備採取行動時，肯定會動用到這裡的肌肉。透過用拇指和食指摩擦和擠壓眉毛，你可以給這些肌肉一個短暫的假期，將拇指和食指同時按在額頭略高於雙眉的位置並保持幾秒鐘可釋放緊張感，甚至可以減輕壓力性頭痛。

- 用拇指按壓另一隻手拇指和食指之間的柔軟點，這樣可以幫助緩解頭部和頸部疼痛。
- 揉耳垂，這種指壓技巧可以減輕頸部以上的疼痛並提高警覺性。
- 按壓並揉搓你的下顎和下巴，許多人在怯場或害怕公開演講時會不自覺地磨牙和咬緊牙關，這個方法會讓你的臉放鬆，讓你更容易張開嘴巴，說出你的想法。
- 神門穴：將拇指按在另一隻手腕的脈搏點上，深呼吸並持續一分鐘。這個穴位可以緩解焦慮、緊張、恐懼和健忘。

可以偷偷做的舒壓動作

如果你有緊張的能量、焦慮或其他想要在沒有人注意到的情況下緩解的任何情緒，你可以做的一件簡單的事情就是擠壓你的腳趾！這是一個很好的隱密動作，因為你可以隨時擠壓、擺動或伸展這些腳趾，沒有人會知道你在做什麼。這樣不僅感覺很好，而且是一種良好的分心，可以讓你的注意力從你可能正在經歷的任何其他身體感受上轉移開，比如一顆加速跳動的心臟。這可以偷偷替代其他更明顯的自我安撫習慣或撫慰的自我觸摸手勢。

毛小孩帶來的鎮靜力

我每天都會和我的三隻西施犬相處！寵物療法用於幫助人們從醫院、療養院和康復中心的疾病和手術中恢復過來；寵物幫助人們應付各種健康問題，從心臟病和癌症到包括壓力和焦慮在內的心理健康問題；這種毛茸茸的療法也可以緩解你的怯場、演講的緊張感、薪水談判的不安以及對某個傲慢的同事說話。寵物幫助我們活在當下，牠們提供無條件的愛且不帶批判，撫摸毛小孩的節奏性動作可以舒緩你的神經，讓你的身體、思想和心靈平靜下來。如果你能帶著牠們去上班，那就更好了。許多研究闡明，寵物可以增加幸福感，提高活力，並提醒我們真正重要的是什麼；其他研究顯示，即使只是看一張你心愛寵物的照片，也可以幫助你撫平神經、撫慰心靈，並分散你對消極看法或恐懼想法的注意力。因此，在你走進那個重要採訪、舞臺或任何令人傷腦筋的情況之前，拿出一張毛小孩的照片，感受一下瞬間的愛和平靜，然後展露微笑。

創造一個鎮靜力隨身包

我們都聽說過「確保你的行李已經打包好」這句話，這基本上意味著，確保你為生活中的各種緊急狀況做好準備。如果公開演講、出現在鏡頭前、與他人溝通或處理衝突情況的想法屬於你的緊急情況，請確保你的鎮靜力緊急隨身包已準備就緒。指定一個柔軟的午餐袋或小旅行袋，在裡面裝滿一些或全部能夠快速誘導鎮靜力的好東西：

- 檸檬香蜂草萃取物。
- 小冰袋。
- 香蕉。
- 薰衣草精油或乳液。
- 柑橘味香水。
- 櫻桃乾。
- 你的鎮靜力信用卡（第四章）。
- 口香糖。
- 洋甘菊茶包。
- 基底精油。
- 肉桂條。
- 葵花籽。
- 一個小小的壓力緩解擠壓球。

- 一塊光滑的石頭。
- 如果你是有信仰的人，可能有宗教飾品或象徵。

結語

「我們都在黑暗中行走，而每個人都必須學會打開自己的燈。」

——厄爾・南丁格爾（Earl Nightingale）[1]

回到二〇〇八年，我剛剛結束狀況最好的一年，作為一個時尚品牌的電視代言人周遊全國。接著完美風暴席捲而來——首先是二〇〇八年的崩盤和衰退，然後我失去了兩個我主持了十多年的固定電視節目，我和我丈夫吵架，擔心財務狀況以及我們養育唯一孩子的不同方法；我們正在接受不孕症治療，拼命想為我們的兒子生一個兄弟姐妹，但是沒有成功；我的父親病了。我的世界一片混亂。

我崩潰了，焦慮和抑鬱變成了我無法透過正常的積極思考、自我關懷和鍛煉身體來控制的東西。我無法入睡，因為吞嚥困難，我也無法進食，於是體重減輕，看起來生病了。我不得不承認自己需要專業的幫助，醫生的建議是採取藥物治療，這讓我很害怕，但是最終同意服藥正好打破了我無法靠自己打破的惡性循環。我開始睡得更好，吃得更好，身體運作得更正常。

當我開始與朋友和家人分享我的經歷時，令我驚訝的是，許多人承認他們也在服用某種抗焦慮或抗抑鬱藥物。這些人似乎都可以很好地應對少數的擔憂，但我了解到我們都在為某些事情苦苦掙扎，在某些時候我們都需要幫助。

吃藥六個月後，我感覺好多了，工作又恢復了，我的情況也好轉了。這段經歷讓我對那些有心理健康問題困擾的人產生了極大的同理和同情心，我從中體認到，對於每個人來說，公開討論這些問題並支持尋求幫助的人是非常重要的——同時允許我們自己尋求幫助。

兩年後，我成為了國際晨間節目和中午直播的主播，接著引導我走向一直以來所期望的全國性電視主播工作，儘管結果證明那個電視臺不適合我，並且遞交了我的辭呈。雖然我仍保有我的指導和訓練業務，但由於我緊湊的主播行程，它已經大幅地減少了，所以我不得不再次重新塑造，我花了一年的時間來重建我的業務。

我告訴你這一切，是因為你現在可能正處於你自己的鎮靜力之旅的旅途上，你可能正在應付壓力和焦慮、工作問題、抑鬱症或其他疾病，可是你並不孤獨。

我認為讓你知道在我寫這本書（我的第一本書！）時，我的鎮靜力再次受到了考驗，對你而言很重要。寫書對我來講是一種全新的體驗，每一個章節都令我喜愛又心存懷疑；我會告訴人們我正在寫的這本書，只是想聽聽他們是否真的有興趣閱讀。我根據我的鎮靜力概念、故事和技巧發表了演講、課程和電視採訪，當我和任何願意聽的人談論這本書時，得到的回饋都是一樣的：「我會讀這本書！我真的用得到這樣的書！」於是我的心感到雀躍不已，讓我找到繼續寫作的新決心。

多年來，我父親一直鼓勵我並幫助我以不同的方式建立我的鎮靜力，儘管他自己從未真正擁有過。爸爸從事吃力不討好的工作，但他沒有為自己說話；他總是有偉大的商業理念，創造出美麗的繪畫和雕塑，但他從來沒有讓它們公諸於世。作為一名二戰後就讀於紐約大學的美國海軍陸戰隊隊員，他從未完成學業，僅差幾個學分就能獲得學位，這是他最大的遺憾之一，也讓他感到自卑，儘管這些年來他閱讀了數百本書，並且對歷史、宗教研究、藝術、科學和航空學擁有深厚的知識。他是我認識過最聰明的人，我可以問他任何問題——在 Google 出現之前，他就是 Google，但他不相信自己。在他的葬禮上，我叔叔走過來告訴我，我是其中一個「突破了困擾大部分親戚的信心障礙」的人，整個家族都為我感到驕傲。

我在我父親九十歲生日那天寫了這本書的最後一部分。作為一個信仰虔誠的人，他確實在一個令人難以置信的時刻經歷了完全的冷靜和堅信：就在他去世前的醫院裡，他對我媽媽和我微笑著說：「我將踏上人生中最偉大的旅程。」他是認真的，我們相信他。

我知道我父親會希望我盡可能跟更多的人分享我所學到的一切。所以，這本書正是要獻給你的，我對你的期望是你接受本書中的概念，抓住你內心的批評者且讓它保持沉默，並鼓起勇氣相信自己，說出你的想法，追求你的夢想，過上充實的生活，熱愛每一個瘋狂的時刻，憑藉著你為自己所創造的鎮靜力。

注釋

1 厄爾・南丁格爾（Earl Nightingale）生活於一九二一年至一九八九年，是美國廣播電台的演說家和作家，主要研究人格發展，動機和有意義的生存等主題。

致謝

衷心感謝我的文學經紀人萊絲莉・梅芮迪絲（Leslie Meredith）以及海文・艾弗森（Haven Iverson）和Sounds True出版公司的團隊，他們相信我的努力，並在很多方面幫助我，讓《鎮靜力》這本書得以上市。感謝克莉絲汀・貝克（Christine Baker）和格林・路易斯（Glenn Lewis）鼓勵我在寫作初期保持正軌、擺脫困境並找到我的初衷。感謝戴比・英格蘭德（Debby Englander）的所有指導、意見和幫忙。感謝我的父母，多年來他們幫助我培養了自己的鎮靜力；致我的丈夫布萊恩（Brian），他一直是我最好的朋友、支持者和鎮靜力的促進者；還有我的兒子羅根（Logan），是我身為一位母親所能得到的最棒兒子，當我用我數不盡的善意課程讓你成為我的鎮靜力對象時，你從不抱怨。感謝我姐姐凱西（Kathy）的鼓勵。感謝達拉（Dara）、吉米（Jimmy）、夏儂（Shannon）、布里塔妮（Brittany）和麥迪森（Madison），感謝他們始終是我所希望最好的家人，並且在整個旅程中都在我的身邊。

也感謝我所有的 PRHS 女孩——我的終生朋友——和我的南奧蘭治鎮（South Orangetown）女孩，感謝她們所有的愛和支持，感謝丹妮兒・楊（Danielle Young）的所有幫助和洞察力。感謝 AWE 的優秀女性米雪兒・菲利普（Michele Phillips）和莉莎・布魯克斯・格羅（Lisa Brooks Greaux）博士，感謝妳們的愛、支持和鼓勵。感謝親愛的朋友珍妮特（Janetlee）、凱蒂（Katie）、艾柏（Eber）、寶拉（Paula）、吉妮（Ginny）和安妮（Annie），感謝你們的友誼、創造性的眼光和愛。我感謝上帝一直是我的領航員，引導我並與我一起走在這條路上。感謝我所有的學生和客戶，這些年來我從他們身上學到了很多東西。

國家圖書館出版品預行編目資料

鎮靜力：肢體語言訓練師親授，透過行為自我暗示，培養「冷靜」與「自信」兩大成功特質，走到哪都能自帶光芒/派翠西亞.史塔克（Patricia Stark）著；連婉婷譯. -- 初版. -- 臺北市：商周出版：英屬蓋曼群島商家庭傳媒股份有限公司城邦分公司發行，民112.03

352面；14.8×21公分

譯自：Calmfidence : how to trust yourself, tame your inner critic, and shine in any spotlight.

ISBN 978-626-318-605-7（平裝）

1.CST：自我實現 2.CST：成功法

177.2 112002004

BB7079

鎮靜力：肢體語言訓練師親授，透過行為自我暗示，培養「冷靜」與「自信」兩大成功特質，走到哪都能自帶光芒

Calmfidence: How to Trust Yourself, Tame Your Inner Critic, and Shine in Any Spotlight

作　　者／派翠西亞・史塔克（Patricia Stark）
譯　　者／連婉婷
企劃選書・責任編輯／韋孟岑
版　　權／吳亭儀、江欣瑜、林易萱
行 銷 業 務／黃崇華、賴正祐、周佑潔、賴玉嵐

總 編 輯／何宜珍
總 經 理／彭之琬
事業群總經理／黃淑貞
發 行 人／何飛鵬
法 律 顧 問／元禾法律事務所　王子文律師
出　　版／商周出版
台北市104中山區民生東路二段141號9樓
電話：(02) 2500-7008 傳真：(02) 2500-7759
E-mail：bwp.service@cite.com.tw
Blog：http://bwp25007008.pixnet.net/blog
發　　行／英屬蓋曼群島商家庭傳媒股份有限公司城邦分公司
台北市104中山區民生東路二段141號2樓
書虫客服服務專線：(02)2500-7718・(02)2500-7719
24小時傳真服務：(02)2500-1990・(02)2500-1991
服務時間：週一至週五09:30-12:00・13:30-17:00
郵撥帳號：19863813　戶名：書虫股份有限公司
讀者服務信箱E-mail：service@readingclub.com.tw
城邦讀書花園：www.cite.com.tw
香港發行所／城邦（香港）出版集團有限公司
香港灣仔駱克道193號東超商業中心1樓
Email：hkcite@biznetvigator.com
電話：(852)2508-6231　傳真：(852)2578-9337
馬新發行所／城邦(馬新)出版集團【Cité (M) Sdn. Bhd】
41, Jalan Radin Anum, Bandar Baru Sri Petaling,
57000 Kuala Lumpur, Malaysia
電話：(603)90563833　傳真：(603)90576622
Email：services@cite.my

線上版讀者回函卡

封 面 設 計／比比司設計工作室
內 頁 排 版／唯翔工作室
印　　刷／卡樂彩色製版印刷有限公司
經　銷　商／聯合發行股份有限公司　電話：(02)2917-8022　傳真：(02)2911-0053

■ 2023年（民112）03月07日初版
定價／390元

ISBN 978-626-318-605-7（平裝）
ISBN 978-626-318-612-5（EPUB）

Printed in Taiwan

城邦讀書花園
www.cite.com.tw

Beautiful Life

Beautiful Life